THÈSE
POUR LE DOCTORAT.

L'acte public sur les matières ci-après sera soutenu,
le mercredi 30 juin 1858, à une heure,

Par PAUL GOUJON,

AVOCAT A LA COUR IMPÉRIALE.

Président : M. F. DURANTON, Professeur.

MM. PELLAT,		
Suffragants : VALETTE,		Professeurs.
ROYER-COLLARD,		
LABBÉ,		Suppléant.

*Le Candidat répondra en outre aux questions qui lui seront faites
sur les autres matières de l'enseignement.*

PARIS.

CHARLES DE MOURGUES FRÈRES, SUCCESSEURS DE VINCHON,
IMPRIMEURS DE LA FACULTÉ DE DROIT,
Rue J.-J. Rousseau, 8

1858.

3278

A MON PÈRE, A MA MÈRE.

DROIT ROMAIN.

DU MANDAT.

HISTORIQUE. — PRINCIPES GÉNÉRAUX.

Plus le territoire d'une nation s'agrandit, plus sa civilisation se développe et plus aussi les rapports deviennent fréquents et nombreux entre les membres qui la composent. La richesse des citoyens s'accroît avec le commerce; ils ne peuvent plus suffire à l'administration de leurs affaires et ont besoin de confier à d'autres ce qu'ils ne peuvent pas faire par eux-mêmes. Mille causes, d'ailleurs, l'absence, la maladie peuvent empêcher une personne de veiller à ses intérêts; ce qu'elle ne peut faire par elle-même, elle le fera faire par une main

officieuse ; elle empruntera les soins et le ta-
lent d'un ami : « Quibus in rebus ipsi interesse
« non possumus », dit Ciceron, *pro Roscio Ame-
rino*, 38, « in his, operæ nostræ vicaria, fides
« amicorum componitur ». De là le mandat
qui, dans son élément primordial, dit M. Troplong, *et dans son état pur, est de la famille
des contrats désintéressés, où la sympathie rap-
proche les parties et préside à leurs rapports.*
Aussi, voyons-nous qu'aucune action n'est
donnée à l'origine contre le mandataire. Celui-
ci n'est pas forcé d'accepter la commission
dont on le charge par un serrement de main.
Le désir de tenir avec fidélité la parole qu'il
a donnée de ne pas violer la foi promise, sont
les seuls gages de l'accomplissement de la mission qu'il a reçue.

Peu fréquent à son origine, le mandat passa
bientôt dans les mœurs romaines. La défiance
naturelle aux peuples barbares disparut devant
les nécessités des rapports civils et politiques ;
les parties contractantes se connurent moins
de jour en jour ; la foi promise fut souvent
violée et la jurisprudence dut intervenir pour
assurer, d'une part, l'exécution du mandat et
empêcher le mandataire d'être victime de ses
bons offices et de sa générosité. Du droit des
gens, le mandat passa dans le droit civil. Toutefois, les principes rigoureux de la législation

romaine, en matière de représentation d'un citoyen par un autre, lui furent appliqués dans toute leur rigueur. Un citoyen romain devait figurer seul dans les actes civils où il était in-téressé ; seul, il pouvait prononcer les formules sacramentelles et exécuter les rites consacrés. Il ne pouvait acquérir par autrui, ni la pro-priété, ni la possession ; il ne peut pas davan-tage contracter par procureur.

Le mandataire contracte seul avec les tiers ; stipule-t-il ou promet-il, c'est lui seul qui de-vient créancier ou débiteur. Est-il chargé d'a-cheter ou de vendre, c'est à lui que sont données les actions *empti* ou *venditi* ; les tiers ne con-naissent pas le mandant.

Il ne faut cependant pas croire que l'idée de la représentation du mandat par le mandataire soit restée complètement étrangère au droit romain, et, sans parler des cas où on pouvait agir *pro populo, pro libertate, pro tutela*, l'ins-titution des *cognitores* en est une preuve re-marquable. Le *cognitor* peut se comparer au mandataire de notre droit français ; il s'efface devant le mandant contre lequel on donne direc-tement l'action *judicati*.

Le droit, du reste, s'humanisa bientôt ; des idées plus larges et plus spiritualistes se firent jour. Neratius nous apprend qu'il fut admis que l'on pouvait acquérir *utilitatis causa* la posses-

sion et même la propriété par procureur. « Si
« procurator rem mihi emerit mandato meo,
« eique sit tradita meo nomine : dominium
« mihi, il est proprietas, adquiritur etiam
« ignoranti. » (Loi 43, *de adq. dom.*).

Lorsque les principes du mandat furent appliqués à la représentation en justice, le *procurator ad litem* fut graduellement assimilé au *cognitor*. « Nunc admonendi sumus, agere posse
« quemlibet, aut suo nomine, aut alieno : alieno,
« veluti cognitorio, procuratario, tutorio, cu-
« ratorio » (G. 4, § 82). Le tuteur, le curateur,
purent, en règle générale, représenter le pupille, et si, pendant le cours de la tutelle ou
de la curatelle, intervenaient des stipulations
comme parties intégrantes de l'administration,
les actions résultant de ces stipulations ne regardaient pas le tuteur et le curateur (L. 2, *de admin.* ; L. 5, 6, 7, 8, *quando ex facto tutoris*).
D'un autre côté, des raisons de justice et d'équité forcèrent le préteur à modifier le droit
civil, et tandis qu'en droit strict, lorsqu'un
esclave, sur l'ordre de son maître, contractait
une dette pour lui, celui-ci, d'après l'ancien
droit, ne devenait pas débiteur ; le préteur
établit pour ce cas une action spéciale, *quod
jussu.* C'est d'après le même ordre d'idées que
furent créées successivement diverses obligations par l'intermédiaire des enfants et des es-

claves, d'où naquirent les actions institoires, exercitoires, tributoires et *de peculio* (Savigny, Hist. du dr., t. 3, p. 98). « In solidum prætor « actionem in patrem dominumve comparavit, « et recte; quia qui ita negotium gerit, magis « patris dominive quam filii servive fidem se- « quitur » (Gaius, com. 4, § 70). L'action ins- titoire fut étendue par la jurisprudence au contrat de mandat, et les tiers qui contractèrent avec le mandataire eurent, selon le contrat qu'ils invoquaient, les actions utiles *ex stipulatu, empti, venditi*, données à l'exemple des actions institoires ; c'est ce que nous apprennent les textes, et notamment le § 5 de la loi 8, *mandati*, dans lequel Papinien parle d'une *actio utilis institoria* donnée à un fidéjusseur mandataire contre le mandant (L. 13, § 25, *de act. emp.*; L. 1, *quod jussu*; L. 19, *de inst. act.*; L. 10, § 5, *mandat.*). Remarquons toutefois que cette extension de l'action institoire ne fut pas ad- mise en règle générale, au profit du mandant. On ne lui accorda une action directe utile contre les tiers que dans des cas déterminés et comme secours extraordinaire lorsqu'il était en danger de perdre (L. 1, § 18, D., *de exercit.*; L. 1 et 2, D., *de instit.*; L. 5, D., *de stipul. præt.*).

Ces notions historiques posées, nous pouvons donner une définition du mandat et rechercher les éléments nécessaires à la formation de ce

contrat. « Mandatum est contractus quo quis
« negotium gerendum committit, alicui gratis
« illud suscipienti; animo invicem contrahendæ
« obligationis. » *Le mandat est une mission ou
commission gratuite, dont l'acceptation expresse
ou tacite forme un contrat et produit les obligations respectives, d'où résultent les actions mandati, directe ou contraire.*

L'une est donnée au mandant (*mandator*)
pour forcer le mandataire à exécuter le mandat et à rendre compte; l'autre appartient au
mandataire (*procurator, mandatarius*) contre
le mandant qui doit indemniser le mandataire
de ses déboursés et du préjudice que peut lui
causer l'accomplissement de la commission.
L'action directe prend naissance aussitôt que le
contrat est formé; la seconde résulte de circonstances postérieures qui peuvent très-bien
ne pas se produire.

Le mandat est un contrat consensuel, impar-
faitement synallagmatique. Le juge chargé de
statuer sur les difficultés qui peuvent s'élever a pleine latitude pour apprécier la bonne
ou mauvaise foi des parties; il doit juger *ex
æquo et bono*, comme il a l'habitude de le faire
dans les contrats qui ont leur source dans le
droit des gens. Les exceptions que les parties
jugeront convenable d'opposer ne seront pas
insérées dans la formule, le juge les suppléera

et appréciera toutes les circonstances qui pourront modifier le contrat principal, et dont il ne devrait pas tenir compte, si l'action portée devant lui avait sa source dans un contrat de droit strict.

Une remarque importante à faire, c'est que le droit civil, en réglementant le mandat, n'oubliera pas quelle est sa source et notera d'infamie le mandataire qui a été condamné pour n'avoir pas rempli ses obligations, *grave est fidem fallere* (Loi 1, *de his qui notantur infamia*). Quelque grande que soit la responsabilité du mandataire, il n'a droit à aucun salaire. Le mandant est libre de témoigner sa reconnaissance, il peut donner des honoraires au mandataire. Le juge devra examiner si les parties n'ont pas, au lieu du contrat de mandat, fait un louage de service ou une spéculation. Papinien décide (L. 7, *mand.*) que si une personne se charge de défendre à un procès, après avoir fait le pacte *de quota litis*, le contrat qui prend naissance est trop contraire aux bonnes mœurs et trop intéressé pour être un contrat de mandat (L. 28, C., *mandati*).

En principe, le mandataire n'a pas le droit d'exiger d'honoraires, il ne peut réclamer que l'accomplissement de la promesse toute spontanée qui lui aura été faite par le mandant (L. 56, § 3, *mand.*). La rigueur des principes ne permet pas au mandataire d'agir par l'action de mandat pour réclamer le salaire qu'on lui a promis. Cujas nous en donne la raison. « Constituitur salarium, solo domino offerente « et promittente, pollicitatione nuda. » La réclamation des honoraires ne sera pas faite devant le juge ordinaire ; il faudra s'adresser au préteur ou au président de la province par une action appelée *perseoutio*. *Petitur extra ordinem merces* (L. 86, § 1, D.; L. 1, C., *mandati*).

Le mandat doit avoir pour objet un fait à accomplir et non un fait accompli. Le but du contrat doit être honnête et licite. *Rei turpis nullum mandatum est et ideo hac actione non agetur*, dit Ulpien. Ainsi, le mandat de brûler une maison, de tuer quelqu'un sera un mandat nul. Cependant le mandataire aura l'action de mandat s'il a ignoré la cause honteuse qui a dirigé le mandant (L. 12, § 13).

Le contrat de mandat n'est pas subordonné à l'accomplissement de formalités solennelles. Il importe peu que la commission soit donnée expressément ou tacitement, *per nuntium, vel per epistolam* (Loi 6, § 2, L. 18, D. *mandati*). Les termes dont se servent les parties sont indifférents ; on exige seulement qu'elles soient capables de contracter.

Par ce qui vient d'être dit, il est facile

d'apercevoir les différences qui séparent le mandat de certains contrats qui ont de l'analogie avec lui ; je veux parler du louage de services et de la gestion d'affaires.

Dans le louage de services, le locataire doit payer une prime pour l'usage qu'il retire de la chose louée ; il a l'action *locati contraria*. Le mandataire peut bien recevoir des honoraires, et ce sera au juge de voir si leur nature et leur qualité ne fait pas dégénérer le mandat en un autre contrat. Dans tous les cas, ce n'est pas l'action de mandat, mais une action spéciale qui est donnée au mandataire.

Le mandat suppose un consentement exprès ou tacite donné réciproquement. Dans le quasi-contrat de gestion d'affaires, le consentement réciproque n'existe pas. Le *negotiorum gestor* n'a d'action qu'autant qu'il était nécessaire ou utile d'administrer ; le mandant est seul juge de l'utilité de l'ordre qu'il donne, et le mandataire qui s'y est conformé ne peut pas être inquiété et ne peut pas éprouver de préjudice ; si le contrat a un objet licite, on doit lui rembourser tous les frais et toutes les dépenses qu'il a faites pour l'exécution du mandat. Si, dit le jurisconsulte Paul (L. 40, *M.*), je me suis porté fidéjusseur par votre ordre et si j'ai payé le débiteur, j'aurai l'action de mandat. Il en sera de même si la fidéjussion a été faite en votre présence, mais sans mandat exprès : *quia taciturnitas consensum imitatur et consensus mandatum.* Mais je n'aurai que l'action *negotiorum gestorum* si j'ai répondu en votre absence et sans votre ordre, et n'en aurai aucune si c'est malgré vous que je me suis porté fidéjusseur. Cependant, dans le cas où les affaires étaient gérées malgré le maître, certains jurisconsultes, Gaius et Pomponius, donnaient une action *negotiorum gestorum utile,* si le caractère d'utilité de la gestion était reconnu. L'opinion contraire de Paul a été sanctionnée par Justinien (L. ult., C., *neg. ges.*).

L'idée de mandat se retrouve dans une foule de contrats, et notamment dans la société et la fidéjussion. Elle joue un grand rôle dans les règlements de compte qui s'opèrent entre les associés et dans les rapports du fidéjusseur avec le débiteur principal. Toutefois, les principes du mandat admis dans ces matières n'enlèvent pas au contrat principal sa dénomination propre de société ou de fidéjussion. Si on suppose, au contraire, que Primus donne mandat à Secundus de prêter de l'argent à Paul, quelque analogie que Primus ait avec un fidéjusseur, nous voyons un mandat dans cette opération : *mandatum pecuniæ credendæ,* disent les jurisconsultes, contrat qui n'exige pas de paroles sacramentelles pour prendre naissance, qui n'a pas besoin d'une obligation antérieure pour se former. Dans le *mandatum pecuniæ credendæ*, il y a deux contrats, deux obligations principales. Ainsi, l'action intentée par le mandataire contre le mandant ne libérera pas le débiteur avant le droit nouveau introduit par Justinien dans la constitution 28, *C., de mand. et fidej.* Le mandant, en donnant au mandataire ce qui lui est dû, ne libérera pas le débiteur principal, parce qu'il paye sa propre dette, et il pourra même, après avoir payé, se faire céder les actions que le mandataire aura contre le débiteur. Ces différences entre la fidéjussion et le *mandatum pecuniæ credendæ* subsistent encore dans le droit de Justinien.

Connaissant les principes essentiels à la validité du mandat et ce qui le distingue des autres contrats avec lesquels il a le plus d'analogie, nous pouvons entrer dans l'examen des difficultés et des règles de notre matière. Nous rechercherons d'abord quelle capacité les parties doivent avoir pour qu'il y ait mandat; combien les jurisconsultes en distinguaient d'espèces; quelles actions étaient données au mandataire et au mandant, et enfin quelles causes mettaient fin au contrat de mandat.

I.

DE LA CAPACITÉ DU MANDANT.

Si le mandant est libre de recourir aux talents et à l'expérience des autres pour mener ses affaires à bonne fin, on comprend que la loi ne puisse pas et ne doive pas souffrir qu'une personne puisse faire par l'intermédiaire d'une autre ce que la loi ne lui reconnaît pas le droit de faire par elle-même. Ainsi, le propriétaire d'un fonds de terre, par exemple, ne peut pas se rendre acquéreur de ce même fonds. On ne peut acheter ce qu'on a déjà. Ce principe si évident se trouverait-il renversé par ce fait seul que le propriétaire donne à un tiers mandat de l'acheter pour lui? De même, je ne pourraï pas charger un tiers d'emprunter pour moi de l'argent à Stichus, mon esclave, parce que tout ce qui appartient à l'esclave appartient au maître, et qu'on ne peut pas se prêter à soi-même. La rigueur des principes conduirait à dire qu'un mandant ne peut donner mandat d'acheter les choses qu'il a données en gage à son créancier, et cependant un pareil mandat fut déclaré valable, *contra juris rationem*, dit Cujas. Nous devons rattacher à cette théorie la loi 54 *mandati* et la loi unique au Code, *si servus extero*.

On suppose, dans la loi 54, qu'un esclave donne mandat de l'acheter ; il est certain qu'un pareil mandat ne peut être valable. Un homme libre ne pourrait pas donner ordre de l'acheter ; un esclave ne peut pas davantage donner une pareille commission, en vertu de ce principe que la parole de l'esclave est censée la parole du maître, et que celui-ci ne peut charger quelqu'un d'acheter une chose qui lui appartient déjà. « Non potest igitur consistere « mandatum, nec ex persona servi, nec ex « persona domini. » Mais si Stichus a donné mandat de l'acheter pour qu'on l'affranchisse, et que la vente ait lieu, les actions *empti* et *venditi* prendront naissance. « Nascuntur, » disent les interprètes, « non ex mandato sed propter « mandatum ex empto et vendito actiones ; » et comme la vente faite, le maître peut avoir intérêt à l'affranchissement, car l'esclave vendu était peut-être son proche parent, son frère, sa sœur, son fils naturel, par exemple ; on lui permettra, *affectus ratione*, d'agir par l'action de mandat pour forcer l'acheteur à affranchir l'esclave.

Papinien se demande si l'acheteur qui a affranchi l'esclave, après l'avoir payé de ses propres deniers, pourra agir contre le maître par l'action *de peculio*. Il décide que le préteur, en créant l'action *de peculio*, ne peut pas avoir eu la pensée d'engager l'esclave à faire un mauvais usage de son pécule, et à se soustraire à l'autorité du père de famille; en conséquence, il refuse l'action.

Ulpien, d'après Pomponius, nous dit que si l'esclave donnait mandat de l'acheter pour qu'on le revendît ensuite à son ancien maître, celui-ci ne pourrait pas être obligé au rachat par le fait de son esclave qu'il a voulu définitivement aliéner.

CAPACITÉ DU MANDATAIRE.

Si le mandant ne peut pas donner mandat d'acheter sa propre chose, le mandataire ne peut pas recevoir mandat d'acheter celle qui lui appartient déjà. Si on applique ce principe à l'hypothèse prévue par Africain dans la loi 34, § 1, et par Paul dans la loi 22, § 4, *mandati*; si on suppose que Titius reçoive mandat d'acheter en totalité un fonds de terre dont il est propriétaire par indivis, on devra décider que le mandat pourra bien être valable pour tout ce qui appartiendra aux cohéritiers de Titius, mais qu'il y aura vente conditionnelle pour la part qui revient à celui-ci dans la succession. Cependant Africain décide que, bien que le mandat prenne fin par la mort du mandant ou du mandataire, néanmoins si le mandant est venu à mourir avant l'achat, et que le mandataire n'ait pas voulu rendre ensuite à d'autres la chose achetée à cause du mandat, il a l'action *mandati* contre les héritiers du mandant pour les obliger à recevoir la chose et à en payer le prix, quoiqu'il eût connaissance de la mort de ce dernier avant d'avoir acheté lui-même. Cujas nous donne la raison de cette décision : « Quia, » dit ce jurisconsulte, « dum « mandavi tibi ut fundum emeres et hoc man- « davi ut partem tuam emeres cum fundo toto « et mihi præstares. » Le juge de l'action de mandat prendra en considération toutes les circonstances dont il aurait dû tenir compte si on avait agi par l'action de vente. « Eadem præs- « tanda, » dit Africain, « quæ præstarentur si « ex empto ageretur. » En définitive, l'action que donne le jurisconsulte emprunte son nom au mandat; elle est régie par les principes de la vente et du mandat combinés, sans être précisément et en réalité ni l'action de mandat, ni l'action de vente.

Le mandat ne peut pas exister s'il n'a pour but que l'intérêt du mandataire. Je ne pourrais pas être tenu des conséquences de l'acte que vous avez fait, si vous avez suivi le conseil que je vous ai donné d'acheter des fonds de terre, au lieu de garder votre argent. Mais il faudrait donner une solution contraire, s'il était évident que vous n'avez consenti à prêter de l'argent que sur la recommandation que je vous avais faite de l'emprunteur.

Dans ce cas, il n'y aurait plus simple conseil et le prêteur aurait l'action de mandat en cas d'insolvabilité de la personne recommandée; c'est ce que décidaient les Institutes, § 6, *de mandato*, d'après Gaius. Les juges ont du reste, en pareille matière, un pouvoir souverain d'appréciation; c'est dans les circonstances particulières qui auront accompagné le prêt, dans la plus ou moins grande intimité des parties, qu'il trouveront des éléments pour arriver à la découverte de la vérité.

Le mandat est nul si l'intérêt du mandataire est son unique but; nous allons examiner successivement dans l'intérêt de quelles personnes le mandat peut intervenir et combien les jurisconsultes romains en distinguaient d'espèces.

DES DIFFÉRENTES ESPÈCES DE MANDAT.

Ulpien nous apprend (L. 1, § 1, *de procur.*), que le mandat peut être ou général ou spécial, n'avoir pour objet que l'accomplissement d'un fait unique ou une administration générale. Cette division n'est pas admise par Justinien dans ses Institutes. Il distingue avec Gaius (L. 2, *mandati.*) six espèces de mandat, et tire cette distinction de l'intérêt dans lequel le mandat est intervenu. Nous avons déjà dit qu'une affaire ne pouvait pas être la matière d'un contrat de mandat si elle ne concernait que l'intérêt du mandataire, et que le mandant ne sera pas responsable du conseil qu'il aura donné s'il n'y a pas eu fraude ou dol ; c'est ce que nous apprennent les lois 12, § 2, ·10, § 7, *mandati*, et L. 42, *neg. gest.*

Le mandat peut être donné dans l'intérêt du mandant seul, si, par exemple, il prie quelqu'un de se porter fidéjusseur d'une obligation dont il est débiteur principal, d'acheter tel esclave ou tel fonds de terre. Ce sont là des faits qui peuvent être la matière d'une obligation, puisque celui envers qui l'obligation est contractée a intérêt à ce qu'elle soit accomplie (Pothier, n° 17).—Mais il est difficile de concilier le mandat que je donne pour l'avantage d'un tiers seulement avec le principe qu'il n'y a pas d'action sans intérêt. Aussi Ulpien, dans la loi 8, § 6, ne donne d'action au mandant que si celui-ci est intéressé à l'opération qu'il a donné commission de faire ; cependant, d'autres textes, et notamment les Institutes, reconnaissent comme valable un mandat donné uniquement dans l'intérêt d'un tiers. Pothier prétend que par cela seul que je donne mandat à quelqu'un de gérer les affaires de mon ami, je deviens responsable comme gérant d'affaires, et que, par conséquent, j'ai intérêt à ce que le mandataire mène l'opération à bonne fin. Mais Pothier commet une erreur; car, pour que la gestion d'affaires puisse prendre naissance, il ne suffit pas qu'on ait l'intention de gérer, il faut faire des actes d'administration. Le mandataire qui se refusera à s'immiscer dans les affaires du tiers désigné par le mandant ne pourra pas être poursuivi, puisque le mandant n'est pas tenu envers les tiers, et est lui-même sans intérêt.

Si nous supposons que le mandant se soit immiscé dans les affaires d'un tiers, et que, tenu dès lors comme gérant d'affaires, il ait donné mandat à une personne de continuer la gestion, ou bien qu'ayant reçu mandat lui-même de faire quelque chose, il se soit substitué quelqu'un; dans ces deux cas, le contrat de mandat prendra naissance, et le donneur d'ordres pourra agir contre celui qui les aura reçus; mais il n'est pas exact de dire qu'il y ait mandat donné, *aliena tantum gratia*, il y a plutôt mandat donné dans l'intérêt du mandant et d'un tiers.

De même, si le mandataire a exécuté l'ordre que je lui ai donné, j'aurai contre lui l'action

directe de mandat, parce que, tenu envers le
maître dont il a géré les affaires, j'ai dès lors
intérêt à la bonne gestion du mandataire; mais
dans cette hypothèse encore, il n'est pas vrai
de dire qu'il y ait mandat dans l'intérêt du tiers
seul, puisque ce contrat ne commence à prendre
naissance que lorsque le mandant est intéressé
à son accomplissement.

Les expressions des Institutes sont donc trop
générales. Elles doivent être entendues en ce
sens qu'à la vérité il peut bien arriver que,
dans le principe, il s'agisse de l'intérêt d'un
tiers seul, et qu'il suffit que dans la suite le
mandant ait lui-même intérêt pour que le mandataire soit obligé à l'exécution et passible de
l'action *mandati*.

On peut facilement comprendre que le mandat puisse se donner dans l'intérêt du mandant
et d'un tiers. Le mandataire peut être chargé
d'acheter un fonds de terre qui sera indivis
entre le mandant et Titius par exemple, ou
bien de cautionner une dette qui leur est commune.

Si vous prêtez à intérêts, et par mon ordre,
des fonds à une personne qui doit les employer
à l'administration de mes affaires, nous tire-
rons chacun un avantage du contrat qui prendra naissance. Le mandat peut donc intervenir
dans l'intérêt du mandant et du mandataire.

Il en était de même avant la législation de Justinien, si, étant fidéjusseur d'une créance qui vous appartenait, je vous donnais mandat d'agir contre le débiteur principal pour retarder les poursuites que vous dirigiez contre moi. Le bénéfice de discussion n'existant pas encore, le créancier ne pouvait poursuivre que le débiteur ou le fidéjusseur, et si son choix se portait sur le premier, le second se trouvait libéré par la novation qu'opérait la *litiscontestatio*. Le mandat permettait au créancier de revenir contre le mandant, si les biens du débiteur principal étaient insuffisants. Le créancier avait deux débiteurs, et le fidéjusseur avait intérêt à n'être pas poursuivi le premier, car il ne payait que si le débiteur principal ne pouvait pas acquitter son obligation.

De même si vous devant une certaine somme, je vous délègue, à mes risques et périls, Titius qui est mon débiteur d'une somme égale, un mandat également utile au délégataire et au délégant prendra naissance. L'un ne sera pas forcé de trouver à tout prix l'argent nécessaire à l'acquittement de sa dette, et l'autre pourra recourir contre le délégant si le délégué ne paye pas toute la dette ; car la délégation faite aux risques et périls du débiteur principal n'opère pas novation.

Ces deux hypothèses sont rapportées par

Justinien dans le § 3, *de mandato*, aux Institutes; mais ce ne sont pas les seuls exemples que l'on puisse trouver de mandats ayant pour objet l'intérêt des deux parties contractantes. Julien nous apprend qu'il peut arriver que l'héritier ne fasse adition que sur le mandat des créanciers de la succession. Un pareil mandat n'a rien d'impossible, puisque les créanciers pourraient donner à l'héritier caution de l'indemniser du préjudice que peut lui causer l'adition d'hérédité, et qu'il est de principe que tous les contrats qui peuvent être garantis par les fidéjusseurs peuvent donner lieu à un mandat; *neque multum referre præsens quis interrogatus fidejubeat an absens mandet.* Les créanciers ont intérêt à trouver un représentant du défunt; l'héritier, de son côté, conservera les chances d'une liquidation avantageuse, sans avoir à craindre aucune perte, puisque le mandat donné par les créanciers le met dans la position d'un héritier bénéficiaire. (L. 32, *mandati.*)

Enfin, on peut concevoir encore que le mandat puisse intervenir dans l'intérêt du mandataire et d'un tiers, si on suppose que Titius donne mandat à Seius de prêter de l'argent à intérêts à un tiers.

DES ACTIONS QUI NAISSENT DU CONTRAT
DE MANDAT.

Nous avons déjà dit que le mandat est un de ces contrats qu'on appelle dans la doctrine synallagmatiques imparfaits. Il ne donne *ab initio* naissance qu'à une seule action ; le mandant seul peut agir contre le mandataire pour le forcer à l'exécution du contrat. Cependant, il est juste et équitable que le mandataire ne soit pas victime de sa générosité ; aussi lui accorde-t-on le droit d'exiger le montant des dépenses qu'il aura faites et de se faire indemniser du préjudice que lui aura causé l'exécution de la commission. Une seconde action prend naissance *ex post facto ;* elle s'appelle *actio mandati contraria.* Le mandataire n'aura pas toujours droit à cette action ; on la lui refusera s'il a dépassé les bornes du mandat ; si, étant chargé de soutenir un procès, il a transigé sur l'objet en litige.

Il sera plus rare de voir le contrat de mandat ne donner naissance qu'à l'action contraire. Cependant cela n'est pas impossible, et Scœvola, dans la loi 62, *mandati,* nous en donne un exemple. Une contestation s'élève à propos d'une succession entre l'héritier inscrit, Mævius et ses sœurs. Mævius écrit à ses sœurs de ne point s'inquiéter de ce qui se passe; qu'il se charge de leurs intérêts et que tout ce qu'il obtiendra sera commun entre lui et elles. Malgré cette promesse, il transige avec l'héritier. Le jurisconsulte décide que les sœurs de Mævius pourront le poursuivre par l'action *mandati contraria*, parce que la lettre qu'elles ont reçue de leur frère est la seule cause de leur inaction.

On comprend encore que le contrat de mandat puisse donner naissance à d'autres actions que les actions de mandats directe ou contraire, si à la qualité de mandant et de mandataire vient s'en joindre une autre, celle de tuteur, par exemple.

Un cotuteur est chargé par ses collègues d'acheter dans la province qu'il habite un esclave utile à l'administration des biens du pupille. Il ne remplit point la commission qu'il reçoit. Le pupille devenu majeur pourra le poursuivre par l'action directe de tutelle, et ses collègues auront en outre contre lui l'action de mandat. Elle leur sera utile, car ils sont tenus des conséquences de l'administration comme leur cotuteur mandataire, et ils se feront indemniser de ce que le pupille pourra leur réclamer à eux-mêmes par l'action de tutelle; (Loi 8, § 4, *mandati*.)

Action donnée au mandant. — Responsabilité
du mandataire.

Le mandant a l'action directe de mandat contre le mandataire, quand même celui-ci n'a pas accompli par lui-même la mission dont on l'a chargé. Si on a donné mandat à Titius d'administrer des biens, et que Titius se soit substitué un tiers, il sera tenu comme s'il avait administré lui-même, sauf son recours contre celui qu'il s'est substitué. C'est ce que nous apprend Ulpien dans la loi 8, § 3. Le mandant ne pourra pas agir contre le tiers, parce que ce n'est pas avec lui que s'est formé le contrat de mandat, et qu'il ne faut pas étendre à ce contrat la fiction qu'Ulpien admettait en matière de *mutuum* ou prêt à intérêt. Le mandant n'est pas censé avoir contracté avec celui que le mandataire s'est substitué, tandis que si je suis créancier d'une personne et que je l'aie priée de remettre ce qu'elle me doit à un tiers, celui-ci deviendra à son tour mon débiteur, bien que d'après la rigueur des principes le *mutuum* ne puisse pas prendre naissance, puisque les écus que le tiers reçoit n'appartiennent pas au créancier, et qu'il est nécessaire que le créancier transfère la propriété des écus au débiteur pour que le contrat de *mutuum* puisse se former. Ceci nous conduit à expliquer une loi célèbre d'Africain (L. 34, *mandati*) qui se rapporte plutôt au *mutuum* qu'au mandat, sans être complètement étrangère à notre matière puisqu'il s'agit de savoir si la seule convention des parties peut suffire à changer un contrat de mandat en *mutuum*. La théorie rigoureuse d'Africain se trouve combattue par Ulpien dans la loi 15, *de rebus creditis*, que nous allons examiner après avoir posé certains principes indispensables à l'intelligence de cette controverse.

Pour qu'il y ait *mutuum* il est nécessaire que le prêteur soit propriétaire de l'argent qu'il donne à l'emprunteur. Si je prends de l'argent dans ma caisse et que je vous le donne, le contrat de prêt prendra naissance ; il faut aller plus loin et dire que l'intention des parties suffira pour transférer la propriété, s'il existe une tradition antérieure. Si vous êtes dépositaire d'une somme d'argent, on comprend qu'il ne soit pas utile de recourir à une fiction pour vous rendre propriétaire des écus et débiteur en vertu d'un *mutuum*. Car la tradition se compose de deux éléments, tradition physique, naturelle ou symbolique de l'objet, et intention d'en transférer la propriété à celui qui veut devenir débiteur. Il n'est donc pas nécessaire d'imaginer une fiction puisque les écus que détient le dépositaire appartiennent au déposant. La tradition existe : que manque-t-il donc à la translation de la propriété ? l'intention des parties. Si donc elles sont d'accord pour changer la cause de la dette et substituer le prêt au dépôt, le *mutuum* prendra naissance comme si le déposant se faisait rendre les écus pour les livrer immédiatement au dépositaire qui vient de les rendre. Mais si on suppose qu'un créancier veuille changer de débiteur, et qu'il charge celui qui lui doit 100 fr. par exemple, de remettre cette somme à un tiers, on est obligé d'admettre une fiction pour que ce tiers puisse devenir emprunteur. Car les écus qu'il recevra n'auront jamais appartenu au créancier. On supposera donc que le premier débiteur a payé le créancier et que celui-ci a remis ensuite les écus au tiers. Cette fiction avait été admise par Ulpien, qui nous dit, L. 15, *de reb. cred.* : « Sin« gularia quædam recepta sunt apud pecuniam « creditam. » Elle était également admise par Africain dans la loi 34, *mand.* Mais ce jurisconsulte nous appred que c'était une exception aux principe : *id benigne receptum est.*

La jurisprudence romaine avait donc admis un principe anormal, contraire au formalisme romain, aux règles rigoureuses du *mu-tuum.* Cette fiction de tradition doit-elle être étendue à d'autres hypothèses, et si nous supposons avec la loi 34, qu'un mandataire, après avoir touché des sommes d'argent en vertu de son mandat, écrive au mandant de l'autoriser à garder ces sommes à titre de prêt moyennant un intérêt qu'il s'engage à lui payer, faudra-t-il dire que le *mutuum* prendra naissance ? La fiction admise pour le cas précédent, devra-t-elle ici recevoir son application ?

La question a de l'intérêt et il n'est pas indifférent qu'une dette ait sa source dans le mandat ou dans le *mutuum*. Le mandat est un contrat de bonne foi ; le *mutuum* un contrat de droit strict. Dans le mandat, les risques sont à la charge du mandant, à moins de stipulation contraire ; dans le *mutuum*, ils sont pour le débiteur. Un simple pacte suffit pour faire courir les intérêts au profit du mandant ; une stipulation est nécessaire lorsqu'il y a *mutuum*. Ulpien étend sans hésiter la fiction de tradition à l'hypothèse de la loi 34. Le mandataire débiteur en vertu du mandat, pourra devenir débiteur *ex mutuo*. Selon le jurisconsulte, il y a un *a fortiori* pour admettre ici la fiction de tradition : « Quod in duobus personis recipitur, hoc « et in eadem persona recipiendum est. » C'est aussi ce que nous disent les interprètes et notemment Cujas : « Facilior fictio, breviorque « manus ibi est, ubi una tantum est manus. » Africain soutient au contraire que la fiction de tradition ne peut pas être admise, que le *mu-*

tuum ne peut pas naître ; autrement il faudrait dire que le simple pacte non accompagné de la tradition des espèces, suffira toujours pour donner naissance au contrat de prêt. On ne peut, selon lui, argumenter de l'hypothèse où un créancier charge son débiteur de remettre ce qui lui est dû à un tiers. Ce n'est là qu'une extension admise par faveur et qui doit être restreinte au cas spécialement prévu. Il y a donc évidemment une divergence d'opinion entre Africain et Ulpien. On a essayé de concilier les textes en disant que les écus sont consommés dans l'hypothèse de la loi 34, tandis que la loi 15, *de rebus creditis*, suppose qu'ils subsistent encore *in specie*. Mais cette conciliation est réfutée par Cujas. Rien n'indique dans la loi 34 que les écus soient consommés ; qu'importerait, d'ailleurs, qu'il le fussent ? ne resterait-il pas toujours une obligation *ex mandato* qui pourrait se changer en obligation *ex mutuo*. « Satis est, » nous dit Cujas, « si maneat « res qua de agitur, licet pecunia consumpta « sit. » D'ailleurs, l'emploi des écus, fait de bonne foi, serait une raison de plus pour admettre le *mutuum*. « Solet enim consumptio « bona fide facta conciliare mutuum quod ex- « stante pecunia consistere non poterat. » Selon nous, il n'est pas possible de trouver une conciliation entre l'opinion d'Africain et celle d'Ulpien. Ces deux jurisconsultes ne vivaient pas à la même époque et ceci nous explique la divergence de leur opinion. Africain était plus attaché aux règles rigoureuses de l'ancien droit. Il ne faudrait pas croire d'ailleurs que le principe qu'il admet ait des conséquences bien différentes de celles auxquelles conduit l'opinion d'Ulpien. Car si Africain n'admettait pas l'existence d'un *mutuum*, il faisait produire au pacte intervenu entre le mandant et le mandataire des résultats analogues à ceux que produirait un *mutuum*, puisqu'il déclare que les risques seront à la charge du mandataire et qu'il fait courir les intérêts au profit du mandant. Ce fut l'opinion d'Ulpien qui fut définitivement admise (L. 6, C., *si certum petetur*).

Avant de rechercher dans quels cas l'action directe de mandat est donnée au mandant, nous devons examiner quels étaient les *principes généraux de la législation romaine sur l'étendue de la responsabilité du mandataire*. Les textes ne sont pas d'accord sur ce point. Les uns, comme la loi 13, C., *mandati*, et L. 23, D., *de reg. juris*, déclarent que le mandataire est tenu de son dol et de sa faute même légère. D'autres, et notamment L. 8, § 10, D., *mandati*, et un fragment du jurisconsulte Modestin (*ex collatione mosaicarem et romanam legem, V° Pellat, Enchyridium juris civilis*, p. 885), nous apprennent que le mandataire n'est responsable que de son dol.

Il est impossible de concilier ces textes, et il faut reconnaître que chaque jurisconsulte avait une opinion particulière sur l'étendue de la responsabilité du mandataire. Nous verrons plus loin, à propos de la loi 61, § 5, *de furtis*, qu'Africain, de beaucoup antérieur à Paul, avait cependant une opinion moins rigoureuse que celle de ce dernier jurisconsulte. L'éloignement toujours croissant de la législation romaine pour les principes rigoureux du vieux droit romain, ses tendances de plus en plus équitables nous expliquent comment, au temps des derniers jurisconsultes de l'époque classique, on devint plus favorable au mandataire.

Trois causes peuvent, nous dit Pothier, donner au mandant l'action *mandati directa* : *l'inexécution absolue du mandat, exécution incomplète, mauvaise gestion.*

Le mandataire est obligé de terminer l'opération qu'il a entreprise, à moins qu'il ne prouve un cas fortuit qui l'empêche d'agir. Il sera même responsable envers le mandant si, ayant pu prévoir la cause qui s'oppose à l'exécution, il n'a pas prévenu le mandant de choisir un autre mandataire. C'est ce que nous apprend Gaius, Loi 27, § 2, *mand*. Mais il sera à l'abri de toute action si le mandant s'est procuré sans plus de frais ce qu'il avait donné mandat d'acheter, ou a fait faire par un tiers ce que le mandataire n'a pas voulu faire lui-même.

Il ne suffit pas de gérer, il faut que la gestion soit bonne : une gestion qui est incomplète ne peut pas mériter ce nom. Tout ce que le mandataire devait au mandant avant la naissance du contrat de mandat, devra figurer dans le compte définitif. Julien nous apprend que si le mandataire pouvait être poursuivi avant le mandat par une action emportant une condamnation au quadruple, mais se réduisant au simple lorsqu'elle n'était pas intentée dans l'année du délit, le mandant aura le droit d'exiger que cette condamnation au quadruple figure dans le règlement de compte, quand bien même ce compte serait rendu longtemps après l'expiration de l'année dans laquelle le délit a été commis (31, *mandati*). Rien n'est plus sage et plus conforme en même temps à l'intention des parties. Le mandant se repose sur la vigilance et l'activité du mandataire; il ne doit pas être victime de sa confiance. Le seul fait d'acceptation ne peut pas avoir pour effet de libérer le mandataire de ce qui est dû au mandant. Si on suppose encore que deux mandats soient acceptés successivement par la même personne dans l'intérêt du même mandant, et qu'aucune reddition n'ait eu lieu après le premier, le mandataire devra payer ce qu'il devait en vertu de la première opération dont il a été chargé, parce qu'en acceptant la seconde commission il n'a pas reçu remise de ce qu'il devait en vertu de la première. Ce que nous venons de dire n'est pas spécial au mandat, comme on peut le voir par la loi 13, § ult. D., *locati*; L. 56, § 2, D., *mandati*.

De même que le mandataire peut être poursuivi pour une gestion incomplète, de même il peut l'être pour une mauvaise gestion. Je vous ai donné mandat d'examiner l'actif d'une succession et je vous l'ai cédé pour un prix inférieur à sa valeur réelle, parce que vous vous étiez trompé sur les forces de l'héritage; vous serez tenu de m'indemniser du préjudice que votre faute ou votre négligence m'a causé. J'aurais encore l'action de mandat contre vous quand bien même vous auriez commis un dol, car l'action de mandat est de bonne foi, et que le juge a toute latitude pour examiner toutes les circonstances importantes de nature à influer sur la condamnation, quand bien même elles ne seraient pas insérées dans la formule. Cela n'est vrai que si le dol n'a pas donné naissance au mandat, car on serait forcé d'agir alors par l'action de dol, puisque le contrat de mandat n'aurait pas pu prendre naissance. La jurisprudence romaine n'accorde le droit d'agir *de dolo* que lorsqu'il est impossible d'arriver par

une autro action au résultat que l'on obtiendrait par l'action de dol; il résulte de là que
si le mandataire chargé de soutenir un procès,
collude avec l'adversaire, on n'accorde au
mandant l'action de dol contre le tiers qui a
profité de la collusion qu'en cas d'insolvabilité
du mandataire.

La responsabilité du mandataire varie avec
l'étendue des affaires dont on le charge et du
nombre des personnes intéressées à la gestion.
Chargé de la gestion des affaires de Paul, je
donne à Primus mandat de les gérer pour moi;
Primus devra compte, s'il n'administre pas bien,
de tout le préjudice que sa négligence causera
au géré et au mandant (L. 28, *neg. gest.*).

Peu importe que le mandataire ait fait ce
qu'il ne devait pas faire, ou ait omis de faire
ce qu'on devait raisonnablement attendre de
lui. S'il achète un esclave vieux ou malade, et
qu'il eût pu s'apercevoir de ses vices en appor-
tant plus de zèle à la commission, il devra
compte au mandant.

Il doit veiller à la garde et à la conservation
des choses qui sont l'objet du mandat. S'il
laisse enfuir l'esclave qu'il a acheté sans qu'on
puisse lui reprocher aucune négligence, il sera
dégagé de toute responsabilité s'il s'engage à
rendre l'esclave dans le cas où il reviendra,
ou s'il cède au mandant les actions qu'il a pour

revendiquer l'esclave. C'est là, du reste, une application de ce principe, que tout ce que le mandataire acquiert, *ex causa mandati*, appartient au mandant. Celui-ci a le droit de réclamer la cession des actions que le mandataire a acquises en accomplissant le mandat. Mais ces actions ne peuvent pas être plus avantageuses pour l'une que pour l'autre des parties contractantes. Le mandant comme le mandataire sera forcé d'attendre e terme ou la réalisation de la condition pour agir, si on suppose que ce soit une stipulation à terme ou sous condition qu'on ait donné mandat de faire. Si le mandant peut exiger la cession des actions, il peut également forcer le mandataire à faire acceptilation de la dette au débiteur, ou bien à le déléguer à toute personne qu'il lui plaira de désigner. Sans doute, les principes généraux sont contraires à cette solution, parce que, en droit strict, le mandataire, étant seul créancier, peut seul disposer de la créance; mais comme le mandant a l'action *mandati* pour se faire céder les actions, et que cette cession lui donnera le droit de disposer à son gré de la créance, il vaut mieux décider que l'obligation de donner imposée au mandataire pourra se transformer en obligation de faire.

Puisque le mandataire ne peut pas éprouver de préjudice, et que sa libération résultera aussi bien de la cession que de la délégation ou de l'acceptilation, il ne peut pas refuser de se conformer à la volonté du mandant (Favre, *ad legem* 10, § 6). La même théorie est développée dans la loi 12, *neg. gest.*

Le mandataire doit rendre un compte exact et fidèle de l'opération dont il a été chargé. Il devra restituer le fonds de terre qu'il a acheté avec les fruits qu'il a produits (L. 10, § 2, *D. mand.*). S'il retire des intérêts des sommes qu'on lui a donné mandat de prêter sans intérêts, il devra les rendre : *quia bonæ fidei congruit ne lucrum sentiat* (L. 10, § 3, *D. mand.*).

Le mandant pourra réclamer au mandataire le montant des intérêts que le mandataire eût pu percevoir sans sa négligence; car c'est faire acte de bonne administration que de prêter son argent à intérêts. Il ne faut cependant pas être trop sévère pour le mandataire et dire d'une manière générale qu'il sera toujours passible de dommages et intérêts, s'il n'a pas rendu des capitaux productifs lorsqu'il pouvait le faire. Il faut, à cet égard, nous dit Scœvola (L. 13, § 1, *de usuris*), consulter les habitudes du mandant, et le mandataire sera à l'abri de tout reproche s'il s'est conformé aux usages et aux habitudes de celui dont il a exécuté l'ordre.

Le mandataire ne peut pas employer à son

usage les sommes dont il est détenteur ; s'il viole cette obligation, il devra compte au mandant des intérêts d'après le taux en usage dans le pays qu'il habite. C'est ce que nous apprend Ulpien, dans la loi 10, § 3, *in fine.* Cujas et Pothier n'admettent pas cette décision et pensent qu'il faut appliquer au mandataire la théorie générale développée dans la loi 38, *neg. gest.* Selon ces auteurs, la phrase : « Quæ « legitimo modo in regionibus frequentantur », devrait être rapprochée de la première partie du § 3, et se rapporterait au cas où le mandataire aurait été mis en demeure. C'est dans ce cas seulement que, selon eux, il serait vrai de dire qu'il faut s'en rapporter à l'usage des lieux pour déterminer le *quantum* des intérêts. La loi 38 nous apprend que, si le tuteur ou un comptable des deniers publics dispose des sommes qu'il a en caisse, on aura le droit d'exiger les plus forts intérêts qu'il est possible de faire rapporter à l'argent. On peut, il est vrai, assimiler le mandataire au tuteur et cette assimilation n'a rien de déraisonnable ; mais, comme rien n'autorise la modification que Cujas et Pothier font subir au texte d'Ulpien, on peut expliquer l'opinion de ce jurisconsulte et la faveur qu'il accorde au mandataire par l'idée que nous avons déjà développée plus haut, à savoir que le mandataire rend un service gratuit et que la législation fit fléchir l'ancienne sévérité à son égard.

Papinien applique dans toute sa rigueur le principe que le mandataire ne peut tirer aucun avantage du mandat, et il nous apprend que si le mandataire emploie à son profit les intérêts des capitaux, il en devra les intérêts.

Ajoutons, en terminant, que le mandataire ne répond des cas fortuits que s'il s'y est expressément soumis (L. 39, *mandati*).

Action donnée au mandataire contre le mandant.

L'équité exige que le mandataire ne soit pas victime de sa générosité et de son dévoûment ; aussi lui accorde-t-on une action contre le mandant pour qu'il puisse recouvrer le montant des dépenses qu'il aura faites et se faire indemniser du préjudice qu'il aura éprouvé. Nous allons d'abord examiner *dans quels cas celle action prend naissance.*

Aucune difficulté ne se présente si le mandat a été exactement rempli ; si vous avez acheté pour le prix que je vous ai fixé la maison d'un tiers, si vous avez payé à mon créancier ce que je lui devais, vous aurez contre moi l'action de mandat pour rentrer dans vos déboursés. Elle vous sera refusée, au contraire, si vous avez fait une toute autre opération que celle qui était l'objet du mandat, quelque avantageuse, du reste, qu'elle ait été pour le mandant.

Il suffit que le but que le mandant se proposait d'atteindre soit rempli pour que l'action contraire prenne naissance, quelque soit d'ailleurs le moyen employé par le mandataire. Si, au lieu de payer le créancier, comme le prescrivaient les termes du mandat, il a fait expromission; si, au lieu de se porter caution pour un tiers, il a donné mandat de lui prêter de l'argent; comme en définitive le résultat sera toujours le même, que la libération du débiteur sera la conséquence de l'expromission aussi bien que du payement, que le *mandatum pecuniæ credendæ* sera aussi utile que la fidéjussion, il ne serait pas équitable de reprocher au mandataire de ne pas s'être servilement conformé aux termes du mandat.

Le mandataire doit exécuter l'opération dont on l'a chargé, comme s'il la faisait pour son propre compte; il devra s'efforcer d'obtenir au meilleur marché possible l'objet qu'on l'aura prié d'acheter. Il est évident que dans ce cas, s'il y parvient, il aura le droit de réclamer ses déboursés au mandant. Si, au lieu de se porter fidéjusseur pour cent, le mandataire répond pour cinquante, on comprend que le mandant ait intérêt à cette fidéjussion et qu'il doive rembourser les cinquante dont le mandataire aura répondu. Il en serait autrement si le mandataire n'achetait qu'une partie du terrain qu'on lui avait donné mandat d'acheter en totalité, car le terrain entier était peut-être indispensable au but que se proposait le mandant; et, comme celui-ci ne peut tirer aucun avantage de l'exécution partielle de l'ordre qu'il a donné, il ne doit pas être victime de la négligence du mandataire et forcé de lui rembourser le montant d'un achat dont il ne peut en rien profiter. Sur tous ces points, aucune difficulté ne s'élève; il y en a, au contraire, de sérieuses si on suppose que le mandataire a dépassé les limites du mandat.

Je vous ai prié d'acheter la maison de Titius 100 écus d'or et vous l'avez payée 120. Vous n'aurez certainement pas le droit de réclamer au mandant tout le prix que vous avez déboursé, mais aurez-vous celui de lui réclamer 100 écus? C'est ici qu'éclate la divergence entre les auteurs. Les Proculéiens décidaient que l'action serait toujours donnée dans les limites du mandat. Les Sabiniens disaient, au contraire, que le mandataire ne pourrait même pas agir pour réclamer le prix fixé par le mandant. Justinien paraît se ranger à la doctrine de l'école de Proculus, et c'est à tort, selon nous (titre XXVI, Inst., § 8). Et d'abord, sans parler des textes, en envisageant seulement la question au point de vue de ses résultats, la doctrine des Sabiniens est évidemment préférable, car elle ne met pas le mandant à la discrétion du mandataire, comme le fait la doctrine opposée. En effet, si la maison qui a été payée 120 écus vaut plus de 100, le mandataire se gardera bien d'agir, puisqu'il ne pourrait réclamer qu'une somme inférieure à la valeur de la maison ; si elle vaut moins de 100 écus, nul doute qu'il intentera l'action. De telle sorte que le mandant aura toutes les chances de perte sans avoir jamais l'espoir d'un bénéfice. Cette doctrine de Proculus, approuvée, si on en croit la loi 4, *mandati*, par Gaius, est déclarée injuste par le jurisconsulte Paul, dont nous partageons l'opinion. Il n'est pas exact, d'ailleurs, de dire que Gaius ait, contrairement à ses habitudes, combattu les Sabiniens. Il est vrai que la loi 4, *mandati*, est formelle : « Proculus recte ait, usque « ad pretium statutum acturum existimat : quæ « sententia benegnior est. » Mais ce texte a été évidemment interpellé par les compilateurs du Digeste, comme le prouve la loi 41, *mandati*, où le même jurisconsulte Gaius nous apprend que celui qui dépasse les bornes du mandat peut bien être actionné, mais n'a pas d'action contre le mandant. La loi 4 est d'ailleurs formellement combattue par le § 161 du commentaire III, où Gaius, fidèle à ses principes et à la doctrine de son école, refuse l'action de mandat, sans parler de la doctrine de Proculus.

Ce n'est pas le seul reproche que l'on puisse adressser à Justinien d'avoir altéré le texte de Gaius, on peut encore critiquer le rapprochement qu'il fait aux Institutes entre le cas où le mandataire a dépassé le prix fixé pour l'achat d'un fonds de terre et celui où il s'est porté fidéjusseur pour une somme plus forte que celle déterminée par le mandant. Si vous m'avez chargé de cautionner un tiers pour 100, et que j'aie répondu pour 150, il est fort naturel que je ne puisse pas réclamer 150, au mandant; mais pourquoi ne pourrais-je pas lui réclamer 100? Le but que le mandant voulait atteindre a été rempli, le service a été rendu; l'action *mandati contraria* devra donc appartenir au mandataire dans les limites du mandat. Cette doctrine n'a aucun inconvénient dans notre hypothèse, car le mandant ne peut pas être victime de la mauvaise foi du mandataire. Cette théorie est d'ailleurs confirmée par la loi 22, par laquelle Paul nous apprend que celui qui a cautionné purement et simplement un débiteur, tandis qu'on l'a chargé de se porter fidéjusseur à terme, aura l'action de mandat lorsque le terme fixé par le mandant sera arrivé (L. 33, D., *mandati*).

Si le mandat donné était un mandat de vendre, et que le mandataire ait vendu au-dessous du prix fixé, il devrait indemniser le mandant de la perte qu'il lui ferait éprouver (L. 5, § 3, D. *mandati*).

§ 2. — A qui appartient l'action *mandati contraria?* — Contre qui est-elle donnée?

Tout mandataire qui a exécuté le mandat a une action pour rentrer dans ses déboursés et ses dépenses. Si on suppose qu'on ait donné mandat à un fils de famille de payer une certaine somme, celui-ci aura l'action de mandat si l'argent qu'il a payé est sorti de son pécule; elle appartiendra aussi au père si c'est lui qui a fourni les deniers et exécuté le mandat. Rien n'est plus rationnel, car le père est censé avoir contracté lui-même par l'intermédiaire de son fils et n'aura pas besoin pour se faire indemniser de recourir à l'action *negotiorum gesto-um*.

Il en serait autrement, si au moment de l'exécution du mandat, le fils était émancipé; le paye-ment fait par le père ne pourrait plus se ratta-cher alors au contrat de mandat intervenu entre le fils et le mandant, puisque le fils au-rait, au moment de l'exécution, acquis une personnalité tout à fait indépendante de celle de son père. Le payement que celui-ci fera se rattachera à la théorie de la gestion d'affaires, et s'il a été utile au mandant, l'action *negotiorum gestorum* sera donnée au père.

Si le fils paye après son émancipation, on pourrait soutenir en droit strict qu'il ne peut pas invoquer le contrat de mandat qui s'est formé lorsqu'il était *in potestate,* car l'émancipation lui a fait subir une *minima capitis diminutio* et a modifié sa personnalité juridique. On devrait dire, si on appliquait strictement les principes du droit romain, que le fils n'est qu'un *negotiorum gestor;* cependant les jurisconsultes lui accordent une action de mandat utile (L. 12, §§ 5 et 6, *D. mandati*).

Si le mandataire se substitue quelqu'un, le substitué n'aura pas d'action contre le mandant; il n'est pas censé avoir contracté avec lui. A plus forte raison, les tiers qui auront fait des opérations avec le substitué ne pourront-ils pas agir directement contre le mandant, comme ils pourraient le faire s'ils avaient contracté avec le substituant. En effet, lorsqu'on étendit au mandat les principes des actions institoires, on ne put pas leur donner plus d'étendue qu'ils n'en avaient dans une matière pour laquelle le préteur les avait spécialement écrits, et le préteur ne permettait pas que les tiers pussent agir contre le préposant pour les opérations faites avec ceux que le préposé s'était substitués.

S'il y avait plusieurs mandants, chacun d'eux pourrait être, comme les fidéjusseurs, actionné pour la totalité, avec cette différence que la règle : *electione alterius liberatur alter*, détruite par la loi 28, C., *de fidej.*, ne s'appliquait pas au *mandatum pecuniæ credendæ*. Aussi, lorsque la sentence du juge était rendue, le mandataire pouvait actionner chacun des mandants ; mais il ne pouvait demander à chacun que sa part, à moins que la décision du juge lui ait permis de les poursuivre chacun *in solidum* (L. 59, § 3, D., *mandati*).

Le mandataire a le droit d'actionner celui qui lui a donné un mandat tacite comme celui qui lui a donné mandat exprès. Si Titius reçoit mandat de se porter fidéjusseur pour Stichus, et que la fidéjussion se fasse en présence de Stichus, sans opposition de sa part, Titius aura l'action contre celui qui lui a donné mandat exprès, et contre Stichus qui, par sa présence, est censé avoir donné mandat lui-même. Si la fidéjussion avait eu lieu sans que le débiteur en ait connaissance, ou bien qu'il s'y soit opposé, le fidéjusseur n'avait plus contre lui, dans le premier cas, qu'une action *negotiorum gestorum*, et, dans le second, selon l'opinion de certains jurisconsultes, une action *negotiorum gestorum* utile.

Si on suppose avec Ulpien dans la loi 18, *mandati*, qu'un mandat soit donné dans l'intérêt d'un tiers ; que l'on mande à une personne de prêter de l'argent à un tiers qui a connaissance du mandat et ne s'y oppose pas, le mandant aura l'action *mandati contraria* contre celui dans l'intérêt duquel le mandat a été donné, parce que celui-ci s'est constitué mandant à son tour en ne s'opposant pas à l'ordre qu'on donnait dans son intérêt. Mais aucun contrat de mandat ne prend naissance entre celui qui reçoit les écus et celui qui a été chargé de les donner, comme nous l'apprend Papinien, L. 53. Il ne faut donc pas prendre à la lettre ces paroles d'Ulpien : « qui patitur ab alio « mandari, ut sibi credatur, mandare intelligi- « tur. » Elles sont exactes pour qualifier les rapports de celui qui donne mandat et de celui qui reçoit les deniers, mais elles ne s'appliquent pas à celui qui donne les écus et à celui qui les reçoit, car entre eux c'est un *mutuum* qui prend naissance.

§ 3. — De l'objet de l'action donnée au mandataire contre le mandant.

Le mandataire pourra réclamer au mandant

le remboursement de toutes les dépenses dont le mandat aura été la cause directe ou indirecte et se faire indemniser de tout le préjudice que lui aura fait éprouver l'exécution de la commission.

Et d'abord, le mandant devra rembourser au mandataire ce qui aura été dépensé pour atteindre le but du mandat. Chargé d'acheter un fonds de terre, de payer un débiteur, le mandataire réclamera le prix de l'acquisition, la somme qu'il aura déboursée pour obtenir la libération. Si pour exécuter le mandat, il a fait des dépenses accessoires, elles ne seront pas ajoutées aux prix principal, L. 12, § 9. Peu importe d'ailleurs que le mandant, en agissant lui-même, eût pu apporter plus d'économies dans l'exécution ; peu importent les moyens que le mandataire aura employés pour accomplir la commission ; que la libération du mandant ait pour cause un payement ordinaire ou une délégation faite par le fidéjusseur mandataire, cela n'est d'aucun intérêt, pourvu que la libération du débiteur principal soit la conséquence de l'acte de mandataire. Si un fidéjusseur délègue quelqu'un au créancier et que cette délégation ne soit pas faite aux risques et périls du délégant, une novation s'opère ; le créancier est libéré, il l'est par le fidéjusseur ; rien n'est plus juste que d'accorder à celui-ci un recours contre le débiteur principal. Remarquons que ce recours existerait alors même que le délégué serait insolvable, car l'insolvabilité du délégué n'empêche pas la libération du délégant, pourvu toutefois que celui-ci n'ait pas commis un dol. Le délégué est comme l'hérédité, toujours présumé solvable lorsqu'il a été accepté. Si le créancier n'avait consenti à la délégation que parce qu'il croyait le délégué solvable, tandis qu'il ne l'était pas, la novation aura-t-elle lieu et la libération du débiteur en sera-t-elle la conséquence? Cujas soutient la négative : « Ignoranti etiam subvenire æquum est, » dit ce jurisconsulte. Il appuie sa théorie sur la loi 22, § 2, *soluto matrim*, où nous voyons que si le débiteur de la dot délègue pour se libérer par novation un débiteur insolvable, la femme n'en aura pas moins l'action de dot, et sur la loi 41, § 3, *de jure dotium*, où nous lisons : « bonum videri nomen esse quod admisit cre- « ditor sibi delegatum sciens, quale esset no- « men. » Le président Favre, sur la loi 23, § 2, *mandat.*, n'accepte point cette théorie ; les faits, dit-il, ne peuvent pas modifier le droit. Dès que le délégué est accepté par le délégataire, la novation s'opère. Pourquoi donc le délégataire viendrait-il se plaindre?... N'est-il pas en faute s'il a accepté un débiteur insolvable si le délégant ne s'est rendu coupable d'aucun dol :

« Non enim facti, sed juris propositio ista
« est bonum fieri nomen quod admisit cre-
« ditor. »

On ne doit pas exiger pour donner l'action
de mandat que ce soit le mandataire qui ait
exécuté lui-même, et Celse nous apprend que
si l'intendant du mandataire paye le créancier
du mandant, le mandataire n'en aura pas moins
l'action *mandati* contre le mandant, si le payement fait par le gérant a libéré le débiteur.
Cette action de mandat sera accordée quand
bien même le gérant n'aurait pas encore été
remboursé, car le mandataire est censé avoir
déboursé tout ce qu'il sera obligé de payer à
raison de la gestion d'affaires, L. 50, *mandati*.

Toutes les fois que l'accomplissement du
mandat aura appauvri le mandataire ou l'aura
empêché d'augmenter sa fortune, on lui donnera une action contre le mandant. Ulpien et
Paul nous apprennent (L. 12, § 1, et 26, § 3),
que, si un donateur pour libérer le fidéjusseur
paye le créancier, le fidéjusseur aura l'action
mandati contraria contre le débiteur principal.
En effet, le fidéjusseur est censé avoir déboursé
tout ce que le donateur a payé pour lui au
créancier. Il importe peu que le donateur paye
directement le créancier ou donne au fidéjusseur des écus dont celui-ci se servira ensuite

pour acquitter sa dette. Dans les deux cas, si le fidéjusseur n'eût pas été obligé de payer la dette d'autrui, son patrimoine se serait augmenté de la donation qui lui était faite. Le mandat qui est la cause de la fidéjussion l'a donc appauvri; il pourra agir contre le mandant.

Nous pouvons rattacher à cette théorie la solution donnée par Ulpien dans la L. 10, § 13, où nous voyons que le jurisconsulte donne l'action *mandati contraria* au mandataire fidéjusseur auquel le créancier a légué sa libération, ou fait remise *remunerandi causa*. Il est vrai que la L. 12 empruntée au même jurisconsulte semble contrarier cette décision; puisque Ulpien refuse toute action au fidéjusseur donataire, si le créancier lui a fait remise *non remunerandi causa, sed principaliter donando*. Voici comment Cujas et le président Favre nous font sortir d'embarras. La solution qu'ils donnent est subtile, mais cette subtilité ne nous étonne pas de la part des jurisconsultes romains qu'ils commentent. Si avec la loi 12, nous supposons que le créancier fasse remise au fidéjusseur de l'action qu'il a contre lui, le fidéjusseur n'aura pas l'action de mandat contre le débiteur principal, car il n'a rien déboursé et on ne peut pas dire que sa qualité de fidéjusseur l'ait empêché de s'enrichir. Sans doute la donation ne lui sera pas inutile, elle lui épargnera les ennuis de répondre à une action qui pouvait être dirigée contre lui. Sans doute le débiteur principal se trouvera libéré, mais cette libération n'a pas sa source dans l'agissement du fidéjusseur ou dans un payement direct ou indirect, celui-ci n'aura pas l'action de mandat.

Si nous supposons au contraire qu'un créancier, pour récompenser le fidéjusseur de ses bons offices ou des services qu'il a rendus, lui fasse acceptilation de la dette *remunerandi causa*, ou lui lègue sa libération, le débiteur principal pourra être actionné en vertu du mandat qu'il a donné, et ne pourra pas repousser le fidéjusseur en lui disant qu'il n'a droit à aucune indemnité puisque le mandat ne lui a causé aucune perte. Le fidéjusseur répondrait qu'en lui faisant acceptilation *remunerandi causa*, le créancier s'est libéré d'une obligation toute morale, a acquitté une dette de reconnaissance; qu'il suffit, pour que le mandant puisse être poursuivi, que le créancier ait gagné quelque chose, et que le fidéjusseur ait perdu quelque avantage dans l'accomplissement du mandat. Or, dans l'espèce, le mandataire fidéjusseur n'a plus droit à la reconnaissance du créancier; c'est une perte pour lui. Si la libération a été faite par le créancier par donation à cause de mort, nous dirons que le créancier a acquis quelque droit, le *jus pœnitendi* qui appartient à tout donateur qui fait une libéralité à cause de mort ; si c'est un legs qui a libéré le fidéjusseur, on répondra que l'héritier du testateur, en acquittant le legs, a acquis le droit de n'être pas inquiété par l'action *ex testamento*. Ces explications sont, il faut bien le dire, très-subtiles, nous aimerions mieux dire que le juge devra voir quelle a été l'intention du donateur, rechercher s'il a eu pour but d'enrichir le donataire ou de lui épargner des poursuites. On accordera action au fidéjusseur contre le mandant débiteur principal dans le premier cas ; on la lui refusera dans le second.

Les opérations faites par l'esclave dans les limites de l'administration qui lui a été confiée, obligent le maître auquel il appartient. Le fils de famille peut même, à la différence de l'esclave, obliger le père de famille *extra causam peculiarem*, mais seulement jusqu'à concurrence du pécule. Ces principes nous permettent de décider dans quelles limites le maître ou le père de famille dont l'esclave ou le fils se sont portés fidéjusseurs après avoir reçu mandat, auront leur recours contre le débiteur principal.

Si l'esclave s'est porté fidéjusseur *ex causa*

peculiari et a payé la dette avec les deniers pris dans son pécule, le maître aura l'action de mandat, car il est censé avoir payé lui-même ce qui a été payé par l'esclave. Il en serait autrement si l'esclave avait payé avec les deniers du maître ou s'était porté fidéjusseur *extra causam peculiarem*. On n'accorderait au maître que le droit de revendiquer les écus ou de les répéter par une *condictio*, s'ils avaient été consommés, car le débiteur principal n'aura pas été libéré par le payement fait par l'esclave, et on ne peut pas, par conséquent, agir contre lui par l'action de mandat.

Si c'est un fils de famille qui s'est porté fidéjusseur, peu importera la cause de son obligation ; le père aura l'action de mandat contre le débiteur principal, pourvu que le fils ait eu un pécule et que la dette ait été acquittée avec l'argent qu'il contenait (L. 12, § 2, 3, 4, *mandati*).

Si un esclave ou un fils de famille se sont portés fidéjusseurs, et si un tiers, dans l'intention de leur faire une libéralité toute personnelle, a payé le créancier, on n'accordera pas d'action au maître ou père de famille contre le débiteur libéré, puisque ce n'est pas dans le but de leur procurer un avantage que la libéralité a été faite. L'action de mandat n'appartiendra pas davantage à l'esclave, parce qu'il ne peut pas agir *ex persona sua*. Elle sera également refusée au fils de famille, bien que sa capacité soit plus étendue que celle de l'esclave, parce que l'action du mandat n'est pas mise par les jurisconsultes au nombre de celles qu'un fils de famille peut exercer seul. Nous voyons, en effet, par les L. 9 et 13, *de oblig. et act.*, D., que le fils de famille ne peut exercer en son nom que les actions *in factum*, ou celles d'injures, de dépôt, de commodat.

Le mandataire, avons-nous dit, a le droit de réclamer le prix principal qu'il a déboursé lorsqu'il n'a pas excédé les bornes du mandat. Faisant application de ce principe à différentes hypothèses prévues par Neratius, nous déciderons que si une personne a reçu mandat d'acheter pour une somme de cent sesterces un fond de terre indivis entre elle et plusieurs cohéritiers, et qu'elle paye la part de ceux-ci quatre-vingt-dix-neuf, elle sera obligée de fournir au mandant la totalité du fonds pour la somme déterminée lors du contrat, quelque valeur qu'ait d'ailleurs la part du mandataire. Celui-ci n'aurait pas le droit de réclamer pour sa part indivise un prix supérieur à sa valeur réelle, quand bien même il aurait acheté à vil prix la part de ses cohéritiers, et que le montant total de l'achat serait inférieur à la somme fixée par le mandant. Le mandataire doit en effet accomplir le mandat comme l'accomplirait un homme soigneux et habile ; or, un bon administrateur achète au meilleur marché possible (L. 36, *mandati*).

Le mandant doit rembourser au mandataire toutes les dépenses que l'accomplissement du mandat a occasionnées. C'est ainsi que la L. 2, *C...mandati*, nous dit que le fidéjusseur qui a payé le débiteur a l'action du mandat pour obtenir non-seulement le prix principal, mais la valeur du gage qu'il a donné et qui ne lui a pas été rendu. Mais on peut se demander comment il peut arriver que le fidéjusseur reste créancier du gage après le payement, car le créancier a dû le restituer. Voici la solution que donne Pothier : il suppose que le créancier a perdu le gage qui lui a été donné par le fidéjusseur, que ce gage est d'une valeur supérieure à la dette. Lorsque le fidéjusseur voudra payer, compensation se fera jusqu'à concurrence de la somme due, et le fidéjusseur deviendra à son tour créancier ; si le créancier est insolvable et ne peut pas payer la différence qui existe entre la valeur du gage et la somme due, le mandant débiteur principal pourra être contraint de payer à sa place, puisque c'est dans son intérêt que le gage a été donné. « Habes mandati actionem, » dit la

loi 2, C., *M.*, « qua non solum pecuniam, sed
« etiam pignora in obligationem deducta,
« potes consequi. » Cujas propose une autre
explication. Il prétend que la loi suppose que
des gages auraient été donnés par le mandant
au mandataire comme garantie des obligations
que ce dernier pourrait constater. Dans ce
cas, le mandant aurait l'action de mandat pour
se faire restituer les gages. Mais ce n'est pas
là l'espèce prévue par le texte qui parle
d'une action *mandati contraria*. Le mandant
n'aurait pas d'ailleurs pour reprendre le gage
une action de mandat, mais une action hypo-
thécaire.

Le mandant doit encore indemniser le mandataire du préjudice qu'aura causé à ce dernier l'exécution du mandat. Mais comment se
réglera cette indemnité? dans quelles limites
sera donnée l'action de mandat? C'est sur ce
point qu'une divergence éclate entre les jurisconsultes Paul et Neratius d'une part et Africain
de l'autre.

Paul, dans la loi 29, § 7, suppose qu'on a
donné mandat d'acheter un esclave; la commission a été exécutée, et l'esclave a commis
un vol au préjudice du mandataire. Qu'est-ce
que celui-ci pourra réclamer? Si nous suivons
la doctrine de Paul, nous devons distinguer

entre le cas où le mandant connaissait avant le mandat le vice de l'esclave et celui, au contraire, où il l'ignorait. Si le mandant est de mauvaise foi, nous le forcerons à indemniser le mandataire de tout le préjudice que l'exécution lui aura occasionné ; si nous reconnaissons de la bonne foi chez le mandant, nous lui permettrons de se libérer en abandonnant l'esclave lorsqu'il sera actionné par l'action de mandat. Africain ne fait aucune distinction entre ces deux hypothèses. De beaucoup antérieur à Paul, il est cependant plus juste et plus équitable que lui ; il donne dans tous les cas une action pour la réparation de tout le dommage causé. Certains commentateurs ont proposé une conciliation qui se trouve démentie par les textes eux-mêmes ; on a tenté de dire que dans la loi 61, § 5, *de furtis*, Africain suppose qu'on a donné mandat d'acheter un esclave déterminé, Stichus, par exemple ; tandis que dans la loi 26, § 7, *mandati*, le mandataire a été chargé d'acheter un esclave *in genere*. Mais cette conciliation n'est pas admissible, car dans la loi 26 nous voyons que le jurisconsulte prévoit le cas où l'objet du mandat a été spécialement défini. *Quod si ego scissem talem esse servum*, etc... Pothier constate cette divergence d'opinion sans chercher à la résoudre. Quant à nous, la décision d'Africain nous paraît préférable à celle de Paul. Il est évident, en effet, que le préjudice causé au mandataire a pour source l'exécution du mandat; pourquoi distinguer alors et ne pas lui accorder indemnité complète dès lors qu'il n'est pas en faute? C'était là d'ailleurs l'opinion du président Favre et de Cujas. Ce dernier nous dit : « Quod est « scriptum in lege *si servus* (L. 61, § 5, *de fur-* « *tis...*) esse ex æquitate summa, ex majori « quadam æquitate ; quod vero hic (L. 26, § 7, « *mandati*) scriptum est nec quidem esse ex « rigore, sed ex minori quadam æquitate. »

Nous devons faire observer qu'Africain avait lui-même changé d'opinion dans la question que nous discutons; que la première solution qu'avait donnée ce jurisconsulte était plus rigoureuse, comme le prouve la loi 31 *de Pigne-* *ratitia actione*, dans laquelle il est du même avis que Paul et Neratius.

Le mandant doit être garant des cas fortuits; c'est encore là une question sur laquelle s'élèvent des controverses. La loi 52, § 4, *pro socio*, et la loi 26, § 6, *mandati*, sont contraires. Paul décide que si, en accomplissant le mandat, le mandataire est pillé en route ou fait naufrage, lui seul supportera la perte, tandis que la loi 52 le met au compte de tous les associés à raison des rapports qui unissent les associés entre eux. Pothier propose une conciliation ingénieuse entre ces deux lois, mais qui n'est fondée sur aucun texte. La doctrine de Paul ne nous étonne pas, lorsque nous l'avons vu si rigoureux pour le mandataire dans l'espèce prévue par la loi 26, § 7. Nous pensons qu'Africain était d'un avis contraire à celui de Paul dans l'espèce de la loi 26, § 6 ; car le pillage ou le naufrage qu'aura subi le mandataire aura comme dans l'espèce citée plus haut, sa seule cause dans le contrat de mandat. Nous supposons, bien entendu, que le mandataire n'a commis aucune imprudence.

Le mandataire n'aura pas droit à ces indemnités, pas plus qu'au remboursement du prix principal déterminé lors du contrat, s'il n'a pas accompli le mandat, ou si l'exécution ne doit procurer au mandant aucun avantage. Si un fidéjusseur mandataire paye à une autre personne qu'au débiteur principal, l'action *mandati contraria* ne prendra pas naissance ; car le mandant ne sera pas libéré et le mandataire sera censé n'avoir rien déboursé, puisqu'il aura une *condictio indebiti* pour reprendre son argent. *Is qui actiones ad rem habet, ipsam quoque rem habere videtur* (L. 18, *de reg. juris*).

Si le mandataire néglige d'opposer au créancier les exceptions que pouvait invoquer le débiteur ; si, après avoir été condamné injustement par le juge, il n'appelle pas de la sentence rendue, il n'aura pas droit à l'action de mandat pour se faire indemniser de ses déboursés. Cette décision s'appliquerait même au cas où le mandant n'aurait pas expressément chargé le mandataire d'interjeter appel, car la bonne foi exige que celui qui se charge d'une opération ait plus de prévoyance que n'en aurait le mandant lui-même. Toutefois, il ne faut pas être trop rigoureux pour le mandataire ; si son ignorance est excusable, et s'il n'a pas interjeté appel, parce qu'il n'est pas assez riche pour en faire les frais, on lui accordera l'action de mandat (L. 44, *D. mandati* ; L. 10, *C. mand.*).

Ulpien nous apprend encore que le fidéjusseur aura l'action de mandat contre le débiteur principal, quand bien même les exceptions n'auraient pas été opposées au créancier, du chef de ce débiteur, pourvu toutefois que le mandataire soit de bonne foi. Nous lisons, en effet, dans les textes, qu'on est très-facilement excusable de ne pas connaître les faits des tiers. *Alieni facti ignorantia semper tolerabilis est* (Lex ult., D. *pro suo*). Le mandant d'ailleurs est en faute de n'avoir pas prévenu le mandataire et de ne lui avoir pas communiqué les moyens de défense qu'il pouvait invoquer. Mais, d'après les principes généraux, le mandataire ne sera pas excusable s'il a commis une erreur de droit. *Juris ignorantia neminem excusat si modo potuerit consulere peritiores* (L. 9, *de juris et facti ignorantia*).

Nous voyons au Digeste que si le mandant peut rendre le mandataire responsable des conséquences d'un payement qu'il eût pu se dispenser de faire en invoquant des exceptions, cela ne doit s'entendre que des exceptions dont on peut se servir sans déshonneur; *quia ignoscendum ei si pudori suo pepercit*, nous dit la loi 48, *mandati*.

Celse nous apprend que si une personne s'est portée caution d'une dette qui a sa source dans un *mutuum*, et a payé des intérêts qui n'avaient pas été stipulés, mais que le débiteur s'était engagé à payer (*nudo pacto*), elle pourra néanmoins réclamer au débiteur les intérêts qu'elle aura déboursés. Il en serait autrement si le fidéjusseur ne les avait payés qu'après un refus du débiteur principal; dans ce cas, les intérêts resteraient à la charge de la caution; car s'il est juste qu'elle ne soit pas forcée de repousser la protection du créancier par une défense qui peut porter atteinte à son honneur, elle n'a pas le droit de rendre le mandat honnête et délicat malgré lui (L. 48, *mandati*).

On ne doit pas, pour accorder l'action *mandati contraria*, s'attacher au résultat définitif de l'opération. Dès que la commission a été remplie, le mandataire a droit à ses déboursés, quels que soient les événements postérieurs qui empêcheront le mandat d'être utile. Chargé de soutenir un procès, d'acheter Stichus, de faire telle opération déterminée, peu importe que le procès soit perdu, que Stichus soit mort depuis l'achat, que l'opération ait eu de désastreux résultats, le mandataire n'en devra pas souffrir s'il a rempli avec bonne foi et fidélité le mandat qui lui a été confié (L. 56, § 4; L. 4, *C.*, *Mandati*).

Mais à quelle époque nous placerons-nous pour fixer le montant des remboursements qui devront être faits par le mandant. Chargé d'acheter Stichus, je l'ai payé et je l'ai livré. Dois-je me contenter de me faire rembourser ce que Stichus m'a coûté s'il a augmenté de valeur, et si l'esclave a diminué de valeur entre la livraison et la réclamation du mandataire, le mandant pourra-t-il contraindre celui-ci à recevoir le prix que vaut l'esclave au moment de l'action qui est intentée contre lui? Africain nous apprend, dans la loi 37, que si l'esclave a diminué de valeur au moment des réclamations du mandataire, celui-ci n'en aura pas moins droit à ses déboursés. Il en est autrement dans les contrats de droit strict, où l'on s'attache toujours au moment de la *litis contestatio* pour apprécier ce qui est dû. C'est ce que nous apprennent les lois 22, *D. de reb. credi.*, 28, *de Nova.*, L. 3, *Comm.* La décision d'Africain est très-raisonnable, car c'est le mandant qui profite seul des bénéfices auxquels donnent lieu les améliorations de la chose, objet du mandat, soit qu'elles proviennent du hasard ou des soins du mandataire (L. 26, § 8).

Les obligations contractées par le mandataire sont asssimilées aux dépenses résultant du mandat, c'est ce que nous apprend le président Favre : « Videtur jam abesse mandatario » id, in quo est obligatus, quamvis nihildum » præstiterit. Aget autem mandati non ut dem » ei aliquid cui nihil ipse adhuc dederit, sed » ut faciam, id est ut liberem. » Vous m'avez donné mandat d'acheter un fonds de terre, je suis tenu envers le vendeur, je puis agir par l'action du mandat pour vous forcer à répondre à l'action *ex vendito* qui est dirigé contre moi.

Administrateur de vos biens, j'ai promis à votre créancier de le payer à telle époque, je puis vous contraindre à faire novation avec le créancier, et si celui-ci n'y veut pas consentir, vous serez forcé de venir me défendre lorsque je serai poursuivi (L. 45, § 2 et 3, *Mandati*). Il en serait autrement si j'avais accepté le mandat de vous représenter à un procès ; car le *procurator ad litem* ne peut pas, sans motifs sérieux, contraindre le mandant à venir prendre sa place. Le mandat n'est pas accompli tant que la sentence du juge n'est pas rendue (L. 45, § 1).

De même le fidéjusseur mandataire ne peut pas, en principe, agir contre le débiteur principal avant d'avoir payé, cependant on admet par raison d'équité qu'il pourra intenter des poursuites contre son mandant dès qu'il aura été condamné (L. 45, § 6).

Le mandataire a le droit de réclamer au mandant l'intérêt des sommes qu'il a déboursées pour l'exécution du mandat; le juge aura pleine liberté pour en déterminer le taux. Tout dépendra d'ailleurs de la position du mandataire. Si le capital qui a été employé ne rapportait pas beaucoup, les intérêts seront accordés à un taux peu considérable. Il en serait autrement si le mandataire aurait été obligé d'emprunter à usure ou tirait un grand bénéfice des prêts qu'il faisait de l'argent qu'il a employé au service du mandant (L. 18, *C. mandati*; L. 13, § 9, *D. id. titulo*).

FIN DU MANDAT.

Le mandat prend fin : par la mort du mandataire ou par celle du mandant; par la révocation que le mandant fait du mandat; par la renonciation du mandataire. Ce contrat prend également fin par l'accomplissement de l'opération que le mandataire a été chargé de faire. Il est inutile d'insister sur cette dernière cause d'extinction.

I. *Mort du mandataire.* — Le mandat a pour fondement (Pothier, n° 102) la confiance que le mandant a dans la personne du mandataire. Cette confiance est toute personnelle. L'héritier du mandataire aura le droit de se faire rembourser les dépenses que ce dernier aura faites, car si la mort du mandataire met fin au mandat pour l'avenir, elle ne peut pas détruire les effets du passé. Il résulte de là que l'héritier, succédant aux obligations de son auteur, pourra même être forcé, après la mort du mandataire, d'exécuter une partie du mandat, et sera obligé, par exemple, de payer les dettes qui auront été contractées dans l'intérêt du mandant par le mandataire (L. 27, § 3; L. 14, *mandati*).

II. *Mort du mandant.* — La mort du mandant met également fin au mandat, et le mandataire qui accomplirait la commission dont on l'a chargé, sachant que le commettant est mort, n'aurait pas d'action pour rentrer dans ses déboursés. Mais comme nous l'avons déjà dit, ce mandat produit tous ses effets quant aux actes d'exécution qui ont précédé le décès du mandant. « Mandatum morte mandatoris vel man- « datarii non etiam mandati actio solvitur » (L. 26, *mand.*).

Si le mandataire a accompli le mandat dans l'ignorance de la mort du mandant, l'action ne lui sera pas refusée (L. 26, § 1).

Il peut arriver par exception que la mort du mandant ne mette pas fin au contrat, si le mandat qui a été donné ne pouvait s'exécuter qu'après la mort du mandant, L. 12, § 17 ; L. 13. Mais il faut pour cela que les actions de mandat aient pu prendre naissance du vivant des parties contractantes (L. 108, *de solutionibus* D.).

III. *Révocation du mandat.* — Puisque c'est uniquement dans l'intérêt du mandant que se forme le contrat de mandat, il doit être libre d'en arrêter l'exécution. Si la chose est encore entière au moment de la révocation, le contrat est éteint ; si au contraire l'opération est commencée, le mandant sera obligé à toutes les suites de ce qui aura été fait. L. 12, § 6. Peu importe que la révocation soit expresse ou tacite ; qu'elle soit faite par le mandant lui-même ou par un fondé de pouvoir. Un administrateur général des biens du mandant pourra, même sans l'aveu de ce dernier, arrêter l'exécution du mandat et le mandataire qui aura continué l'opération sera responsable si la révocation avait une juste cause.

IV. *Renonciation au mandat.* — Celui qui rend gratuitement un service doit être soumis à des obligations moins rigoureuses que celui qui reçoit un salaire. Le mandataire ne peut pas être obligé de sacrifier ses intérêts à ceux du mandant puisqu'il ne reçoit rien pour compenser le préjudice que peut lui causer l'accomplissement de l'ordre qu'il a reçu. Il pourra donc renoncer au mandat si l'exécution doit lui causer des pertes considérables. La maladie du mandataire, des inimitiés capitales survenues entre lui et le mandant ou l'insolvabilité probable de ce dernier, seront encore des justes motifs pour décharger le mandataire de l'obligation de mener le mandat à bonne fin (L. 22, § 11; L. 23, 24, 25).

DROIT FRANÇAIS.

DE LA COMMISSION.

La commission, telle que l'ont créée de nos jours les usages et les nécessités du commerce, était inconnue des Romains. On ne trouve dans leurs lois aucune définition, aucune formule qui en fassent supposer l'existence. Sans doute, ils avaient bien sous le nom d'*institores* des agents chargés de faire des opérations pour le compte de leurs maîtres, mais ce n'étaient pas là des commerçants dont la profession fût d'agir pour autrui soit exclusivement soit en opérant pour leur propre compte. Les instituteurs étaient des fils de famille ou des esclaves, n'ayant pas par conséquent de position indépendante de celle de leurs maîtres. Ils ressemblaient beaucoup aux commis et préposés d'aujourd'hui.

Qu'était-il besoin, d'ailleurs, à cette époque, d'avoir des agents chargés de faire à l'étranger des opérations commerciales; l'existence de pareils intermédiaires n'aurait pas répondu à un besoin social, car le commerce était à peu près nul chez les Romains, et il s'éteignit complétement au milieu du bouleversement qui succéda à la dissolution de leur empire.

C'est une pensée presque aussi vulgaire qu'elle est vraie, que celle qui consiste à dire que le commerce ne peut se fonder et s'étendre que lorsque les peuples ont pris une assiette stable, lorsque des idées de justice et d'ordre commencent à s'introduire, lorsque la méfiance si naturelle aux peuples barbares a fait place à la confiance et à la sécurité! Vienne un évènement qui force les peuples à entrer en rapport, à se connaître et bientôt les préjugés disparaissent quelle que soit la cause qui ait forcé les nations à se rapprocher. Aussi est-ce au moyen-âge et surtout après le croisades que l'on voit renaître et prospérer le commerce. Les républiques italiennes, et par dessus toutes Venise, s'étaient affranchies du régime féodal. Usant de leur indépendance, elles songèrent à l'affermir par le commerce et la navigation.

Guillaume de Tyr nous apprend qu'elles exigèrent en 1201, quatre-vingt-cinq mille marcs d'argent pour le transport des troupes en Orient. Faute de cette somme, la croisade faillit manquer.

Commencé en Italie, le mouvement s'étendit bientôt au nord, et c'est un curieux spectacle que de voir tous les peuples de l'Occident se disputer à l'envi la palme du commerce. Des foires, réunions de commerçants, s'établissent et se fondent. En 1204 et 1349, les foires de Champagne et de Brie reçoivent des priviléges. Toutefois, il faut bien se garder de croire qu'à cette époque le crédit commercial existât encore. Le marchand suivait sa marchandise; il s'embarquait avec elle, et, arrivé au rendez-vous commun, il échangeait ce qu'il avait apporté pour les produits des pays étrangers. Si ses affaires étaient très-étendues, s'il disposait de capitaux énormes, il avait des facteurs dans les divers lieux qu'embrassaient ses relations commerciales. C'est à l'aide de ces facteurs que, sous Charles VII, le célèbre Jacques Cœur parvint, tout en réalisant une fortune immense, à donner à son roi l'argent nécessaire pour chasser l'étranger du territoire, en même temps qu'il ouvrait au commerce français tous les ports de la Méditerranée. Mais ces factoreries et ces comptoirs exigeaient de trop grandes ressources pour cesser d'être le privilége de quelques hommes ; ils étaient chacun un établissement spécial, exigeant autant de frais et de dépenses que celui qui était dirigé par le commerçant en personne.

Les idées étroites et intéressées des souverains du moyen-âge devaient, chose extraordinaire, par leur excès même faire naître l'institution des commissionnaires que nous avons surtout mission d'étudier. Les membres des corporations d'arts et métiers jouissaient du privilége exclusif de vendre et d'acheter dans la ville où ils résidaient, excepté dans les temps de foire où le forain et l'étranger étaient également autorisés à débiter leur marchandises.

Les forains abusèrent de ce droit et s'efforcèrent d'étendre leurs entrepôts de commerce au-delà du temps fixé pour les foires, et d'en fonder dans les villes privilégiées ; les corporations se plaignirent ; elles ne pouvaient pas supporter la concurrence ; c'était, d'ailleurs, porter atteinte à un monopole qu'elles étaient jalouses de conserver. Il fallut qu'un édit de 1586, rendu par Henri III (Fontanon, 1, p. 1025), vînt, pour les rassurer, remettre en vigueur des règlements rigoureux et tyranniques souvent violés et méconnus. Le forain et l'étranger furent obligés de vendre leurs marchandises en personne ; ils ne pouvaient se faire représenter par un facteur ou préposé. On institua des commissionnaires en titre d'office, chargés de vendre les marchandises que le forain ne pouvait pas ou ne voulait pas vendre lui-même. Faisons remarquer, toutefois, que ce système d'exclusion ne s'appliquait qu'à la vente des marchandises dans les villes privilégiées, car les corporations avaient le plus grand intérêt à favoriser les acheteurs. Toute personne pouvait acheter par commissionnaire en temps de foire ou autre temps. La restriction apportée au droit des forains et des étrangers n'existait complétement qu'en ce qui concernait le droit de vente; encore n'était-elle pas générale, car des ordonnances postérieures à celle de Henri III n'eurent pour but que de protéger certains corps de métiers. Nous voyons dans le *Parfait négociant*, de Savary, que en 1601 et 1613 furent rendus des règlements qui ne s'appliquaient qu'aux merciers de Paris, et qui leur défendaient *d'être courtiers et commissionnaires pour aucuns marchands forains, à peine de privation de leurs maîtrises et d'amende arbitraire.* Ces prohibitions n'étaient pas observées, parce que « *le corps des merciers y trouvait son avantage aussi bien que le public.* » Il y avait du reste des villes dans lesquelles toute franchise était laissée au commerce, notamment la ville de Lyon.

Aujourd'hui la concurrence a fait diminuer les profits; les facilités de transport permettent de faire voyager rapidement les marchandises ; on a compris que, tout en opérant pour son propre compte, un commerçant pourrait agir pour le compte d'un autre; le commissionnaire a remplacé le préposé.

La Révolution a aboli les maîtrises et jurandes et a laissé à la profession des commissionnaires une entière liberté. Elle n'est soumise qu'à la patente.

Les avantages que la commission procure au commerce sont très-nombreux. Elle permet de donner aux affaires une *célérité* qu'un commerçant n'obtiendrait pas à l'aide de mandataires qui seraient forcés à chaque instant de donner la preuve du mandat qu'ils ont reçu. D'un autre côté, le *secret* est souvent la cause du succès des opérations commerciales. Or, comment parviendrait-on à faire des opérations secrètes au moyen des mandataires ordinaires. Le mandataire, à la différence du commissionnaire, ne contracte pas en son nom, il serait obligé de faire connaître le mandant; le succès de l'opération serait compromis.

Le commettant, en payant une rétribution plus forte au commissionnaire, en faisant avec lui la clause de ducroire (*del credere*), peut mettre à la charge de celui-ci les insolvabilités des tiers. Il pourra donc compter sur le prix des marchandises vendues pour faire de nouvelles opérations, puisqu'il connaît la solvabilité de celui auquel il a donné des ordres. Le commissionnaire de son côté, protégé par le privilége spécial que la loi lui accorde, fera facilement au commettant des avances si utiles et si favorables au développement du commerce.

Nous définirons, d'après MM. Delamare et Le Poitevin, la commission : *Un contrat par lequel l'un des contractants donne le pouvoir de faire pour lui une ou plusieurs opérations de commerce, individuellement déterminées, à l'autre contractant qui s'engage à les traiter et conclure, soit sous un nom social ou dans le sien propre, soit au nom du commettant, et à lui rendre compte.*

Nous ne nous occuperons que du commissionnaire qui contracte en son propre nom.

NOTIONS GÉNÉRALES.

Le contrat de commission est consensuel, révocable et intermédiaire, caractères communs au mandat du droit commercial et au mandat du droit civil. A la différence de ce dernier, il est de plus synallagmatique, car le commissionnaire s'engage à exécuter un ordre et le commettant à payer un droit de commission.

Le contrat de commission commence toujours par une demande ou des offres de service.

Le commettant qui donne des ordres peut être obligé par l'acceptation tacite résultant de l'exécution. Il ne peut pas y avoir de difficulté sur ce point, puisque l'art. 1985, C. N,, déclare que le mandat peut être accepté tacitement. Mais la procuration pourra-t-elle être tacite ? Cette question est controversée entre les commentateurs du Code Napoléon. Les uns prétendent que notre droit n'a pas voulu suivre la doctrine romaine; ils se fondent sur le silence de l'art. 1785, C. N., et sur l'art. 1372 qui aurait eu pour but, selon eux, de réduire le mandat tacite à la condition de simple quasi-contrat. Cette doctrine, contraire à la théorie générale du Code Napoléon qui contient une foule de dispositions (1738, 1789, 1922, 1878 et 1998) consacrant l'existence du mandat tacite, combattue par la majorité des auteurs, ne peut pas se soutenir en matière commerciale, quand on connaît la discussion qui s'éleva au conseil d'État, sur l'art. 4, C. comm., et dans laquelle on déclara que la femme n'aurait pas besoin, pour faire le commerce, de l'autorisation expresse de son mari.

Si aucune difficulté ne peut s'élever sur ce

point, on peut se demander s'il sera nécessaire pour la formation du contrat que le commissionnaire qui fait des offres attende l'acceptation et la réponse du commettant. Sans doute, le contrat peut se former par cela seul que le commissionnaire obéit aux ordres du commettant, car, dans ce cas, la volonté du commettant n'est pas douteuse ; mais si le commissionnaire fait des offres, il devra attendre l'acceptation, car c'est la réponse qui sera faite à ses offres qui lui fera connaître l'intention du commettant. Le contrat de commission peut quelquefois être le résultat d'une réconduction tacite ; car il n'est pas toujours nécessaire que le commettant sache actuellement la gestion du commissionnaire, il suffit qu'il sache qu'elle devra être faite et que cette connaissance s'infère raisonnablement de faits antérieurs à la dernière affaire gérée par lui (Delamarre et Le Poitevin).

De même que ce contrat peut être exprès de la part de l'une des parties et tacite de la part de l'autre, de même la commission peut être donnée verbalement et acceptée par écrit et réciproquement. Les tribunaux, en cas de difficulté, seront souverains juges de l'étendue que les parties auront entendu donner à la convention. Il est du reste bien reconnu que les livres et la correspondance ne sont pas nécessaires à la formation du contrat qui existe, dès que les parties sont tombées d'accord. Ils ne peuvent servir qu'à prouver l'existence de la convention.

Le contrat de commission, à la différence du contrat de mandat, est à titre onéreux. Le commettant doit au commissionnaire des droits de commission, car rien dans le commerce n'est présumé de pure bienfaisance. Son seul mobile c'est l'intérêt, le gain son unique but. Les parties n'auront pas besoin de stipuler un salaire, et le commissionnaire y aura droit, à moins de convention contraire. Le montant de ce salaire sera déterminé par l'usage des lieux à défaut de convention. Il résulte de ce qui précède que le contrat de commission est au nombre de ceux qu'on appelle dans la doctrine synallagmatiques parfaits. Deux actions prennent naissance dès que les parties sont tombées d'accord. L'une peut agir pour forcer l'autre à exécuter les ordres, tandis que celle-ci peut réclamer payement du salaire qui a été promis. Dans le mandat ordinaire, une seule action prédomine tout d'abord, le mandant seul peut actionner le mandataire. Celui-ci n'a de recours à exercer que s'il a fait des dépenses pour l'exécution du mandat ou souffert un préjudice, et le droit ne donne d'action au mandataire que par application du principe qui défend à une personne de s'enrichir aux dépens d'autrui.

Ce qui distingue surtout la commission du mandat civil, c'est le caractère de l'acte auquel elle s'applique. L'opération qu'elle a pour but doit constituer un acte commercial, puisque c'est l'objet du mandat qui en détermine la nature. Une des plus grandes difficultés qu'éprouvent les auteurs qui commentent le Code de commerce, c'est de déterminer quels sont les actes que l'on peut appeler actes de commerce. Aussi, il sera très-souvent fort difficile de déterminer le caractère du contrat de mandat qui prendra naissance, mais il n'en est pas moins vrai, disent les auteurs déjà cités, « que la différence spécifique entre l'un et l'autre mandat consiste dans la commercialité ou la non commercialité de l'opération. »

L'importance qu'il y a à rechercher si le mandat est ou non commercial est très-grande, puisque le privilége qui est consacré par l'article 93, C. comm., n'est pas accordé aux mandataires chargés de faire une opération civile.

Il importe peu d'ailleurs que l'objet du mandat soit commercial *re ipsa*, qu'il soit présumé tel par la qualité des personnes ou qu'il le devienne par l'intention de celui qui a donné l'ordre d'agir ; dans tous ces cas, il y aura mandat commercial, et le contrat de commission prendra naissance.

L'objet de la commission doit être licite. L'ordre que donne le commettant ne doit pas être contraire aux bonnes mœurs ni de nature à porter atteinte à l'ordre public. Il faudra également faire application à notre matière de la doctrine écrite dans la loi 10, § 4, *mandati*, et dire que la commission ne peut porter que sur une affaire que le commettant serait en droit capable de faire lui-même. L'affaire doit concerner l'intérêt soit du commettant, soit d'une tierce personne, et non pas seulement l'intérêt du commissionnaire (L. 2, D. M.). Enfin, l'opération doit être à faire et non pas faite, *res facienda, non facta*; c'est encore là la consécration de la doctrine romaine.

Ajoutons en terminant ces notions générales que le mandat commercial doit s'interpréter plus largement que le mandat civil. Ainsi, tandis que le mandataire ordinaire chargé de vendre n'a pas par cela même le droit de toucher le prix, nous reconnaîtrons ce droit au commissionnaire.

DIFFÉRENCES ENTRE LA COMMISSION ET DIFFÉRENTS AUTRES CONTRATS.

Nous avons déjà dit ce qui sépare la commission du mandat civil; nous savons que le commissionnaire, à la différence du mandataire, est en général seul obligé envers les tiers, et qu'il est soumis à une responsabilité plus sévère, parce que son ministère est intéressé, tandis que le mandataire ordinaire ne reçoit aucun salaire. Ce sont là les principales différences entre ces deux espèces de contrat.

On ne doit pas confondre la commission avec le courtage. Les courtiers (couratiers, *cursitare*) exercent un office public. Ils sont établis par le gouvernement et soumis à un cautionnement (arrêté du 29 germinal an IX). Chargés de rapprocher les parties, ils ne contractent pas en leur propre nom; ils ne sont que médiateurs de la négociation. Comme ils connaissent parfaitement les besoins de la place sur laquelle ils ont le privilége d'exercer, puisque c'est entre leurs mains que se réunissent l'offre et la demande, la loi craint l'abus qu'ils pourraient faire de leur position, et leur défend tous actes de commerce (89, C. comm.).

Les commissionnaires, au contraire, sont de simples particuliers; ils n'ont aucun caractère public. Toutes personnes, en principe, sauf les exceptions que nous examinerons plus loin, peuvent faire la commission. On exige seulement que le commissionnaire ne se charge pas d'affaires concernant des intérêts opposés. Il n'a aucun caractère pour constater les conventions qui se sont formées par son ministère.

Si nous comparons maintenant le commissionnaire avec l'agent de change, nous trouverons entre leur situation à peu près les mêmes différences que celles qui séparent la commission du courtage. Comme le courtier, l'agent de change est officier public; comme lui, il jouit d'un privilége; mais tandis que le courtier s'entremet pour procurer la négociation d'une marchandise, l'agent de change agit pour procurer la négociation d'une action, d'un titre de rente, etc. Enfin, comme le courtier, l'agent de change (76, C. comm.) exerce un monopole; seul, il peut être employé pour la négociation des effets publics ou autres côtés à la bourse. Que l'on soit agent de change ou courtier, on remplit un ministère forcé, on ne peut refuser ses services à personne. Indépendant et libre, le commissionnaire, au contraire, offre ou refuse ses services, son industrie; il peut se charger des intérêts de différents commettants, pourvu que ces intérêts ne soient pas opposés entre eux, à la différence du préposé et du commis qui louent leurs travaux et se doivent tout entier aux soins de leurs prépositions.

Les commerçants ne peuvent pas suffire à la multiplicité des détails de leurs affaires; ils ont besoin d'auxiliaires. Aux uns, ils donnent le service de la caisse; aux autres, le soin des écritures. Ceux-ci sont attachés aux expédi-tions à faire pour un pays ; ceux-là sont, au contraire, chargés de recevoir les marchan-dises qui en arrivent. Ces auxiliaires sont des commis. Il y en a d'autres qui méritent plus spécialement le nom de préposés, et qui sont envoyés au loin et attachés à des établissements fondés à l'étranger où ils représentent le maître. Tous ces agents intermédiaires, qu'ils s'appel-lent commis, préposés, commis-voyageurs, ne s'obligent jamais personnellement ; ils enga-gent toujours la responsabilité de ceux pour qui ils agissent, et les tiers avec lesquels ils contractent sont également obligés envers les maîtres pour tout ce que les commis ont fait dans leur intérêt et dans la limite de leurs pouvoirs. Le commissionnaire, au contraire, s'oblige directement avec les tiers. A la diffé-rence du préposé, il ne gère pas un ensemble d'affaires commerciales. Le mandat du com-missionnaire est tout spécial, il ne peut avoir pour but qu'une ou tout au plus plusieurs af-faires commerciales déterminées.

Cela posé, connaissant le but de la commis-sion et les caractères qui empêchent de la con-fondre avec les autres agissements de droit commercial, nous pouvons nous demander quelle capacité il faut avoir pour pouvoir faire la commission.

QUI PEUT ÊTRE COMMISSIONNAIRE.

De tous les contrats le plus usuel, dans le commerce, c'est le contrat de commission. Plus que tout autre il doit jouir de la faveur accordée aux opérations commerciales quant à la capacité. La commission fait naître entre le commissionnaire et le commettant des obligations réciproques. L'exécution du contrat oblige même les parties envers les tiers; il est donc nécessaire que celui qui reçoit le pouvoir et celui qui le confère soient tous les deux capables de contracter. Les incapables seuls ne peuvent pas faire la commission. Mais quels sont ces incapables? Si nous nous reportons aux principes du droit civil en matière de mandat, nous voyons que la capacité de contracter n'est exigée que chez le mandant. Peu importe que le mandataire soit incapable. Celui qui s'adresse à un intermédiaire, pour faire une opération par son entremise, est seul responsable de la mauvaise gestion envers les tiers; lui seul en supporte les conséquences. Aussi l'art. 1990, Code Nap., déclare-t-il que les femmes mariées, les interdits pourront être choisis pour mandataires. Les obligations qu'ils contracteront avec les tiers seront censées l'être pour ou contre le mandant. Mais si dans les rapports du mandant avec les tiers, la capacité du mandataire est indifférente, il n'en est pas de même dans les rapports du mandant et du mandataire. L'incapable ne sera jamais responsable de sa mauvaise gestion, à moins qu'il se soit enrichi, ou qu'étant *doli capax* il ait détourné les sommes qu'il était chargé de transmettre ou de recevoir.

Ces principes sont également applicables au contrat de commission, excepté pour le mineur qui, toutes les fois qu'il sera autorisé à faire le commerce, les conditions exigées par l'article 2, Code comm. étant d'ailleurs remplies, sera assimilé au majeur, et par conséquent sera responsable envers le commettant de toutes les suites de l'opération qu'il aura faite pour le compte d'autrui.

Il n'est pas de l'essence de la commission que l'acte de commerce qui en fait la matière soit également permis aux deux contractants; il suffit que l'un d'eux en soit capable. Dans ce cas le contrat n'est pas nul, mais il peut être annulé, ce qui est très-différent.

Quant aux interdits, ils ne seront incapables que lorsque l'interdiction aura été prononcée en vertu des art. 489 et suivants du Code Nap. Le condamné interdit légalement aux termes de l'art. 29, Code pénal, conserve la capacité de s'engager et d'engager envers lui, surtout en faisant des contrats commerciaux qui sont du droit des gens.

Il y a d'autres incapacités que la loi a prononcées, parce qu'elle a voulu que le droit de faire le commerce fût incompatible avec certaines fonctions publiques conférées par le gouvernement. Les plus anciennes lois françaises, rappelées dans l'édit du mois de mars 1765, interdisent toute espèce de commerce aux magistrats (Pardessus, t. 1, p. 73).

Une ordonnance du 22 novembre 1822, enlève aux avocats le droit de faire des actes de commerce. Les canons de l'église et les règles de la discipline frappent les ecclésiastiques de la même prohibition. Ce sont les convenances sociales qui ont porté le législateur à déclarer ces personnes incapables. D'autres prohibitions sont fondées sur l'intérêt même du commerce. Nous avons déjà dit que les agents de change et les courtiers sont des officiers publics dont les fonctions doivent se borner à rapprocher les parties. Aussi était-il convenable de mettre ces agents en dehors de tout intérêt dans les négociations qui se forment par leur entremise, et de les empêcher de saisir pour eux les occasions favorables au préjudice de ceux qui leur confient le succès de leurs opérations. Le législateur leur défend de prendre aucun intérêt dans les opérations commerciales, à peine de destitution et d'une amende correctionnelle qui peut s'élever jusqu'à 3,000 fr. (art. 86, 87 et 88, Code comm.). Une ordonnance du 20 août 1833 défend également aux consuls en pays étrangers de faire le commerce. Il est toujours bon de ne jamais mettre l'intérêt aux prises avec le devoir. Chargés de protéger le commerce, les consuls lui accorderont une protection plus efficace si elle est tout-à-fait désintéressée.

Remarquons, toutefois, que les engagements commerciaux faits en prohibition de ces lois et ordonnances ne sont pas nuls, et les fonctionnaires publics ne seront pas affranchis de la juridiction et de la rigueur des condamnations commerciales. Ils encourront les pénalités prononcées par les lois et règlements (Pardessus, t. 1, p. 76).

S'il est indispensable que les parties contractantes soient capables pour que le contrat de commission puisse produire entre elles tous ses effets, il n'est pas nécessaire qu'elles soient toutes les deux commerçantes. Si, étant négociant, je suis chargé de faire pour un non commerçant des actes qui n'ont pas par eux-même un caractère de commercialité, peut-on dire qu'il y aura dans cet agissement un contrat de commission, et que le négociant chargé de vendre pourra invoquer contre les créanciers du failli le privilège du commissionnaire ? MM. Delamarre et Lepoitevin, dont nous adoptons l'opinion, pensent que ce contrat doit-être réglé par les principes des droits commercial et civil combinés. Le mandant n'étant pas négociant devra, s'il est actionné, conserver l'avantage de la compétence des tribunaux civils, et s'il actionne à son tour il devra porter son action devant les tribunaux de commerce. Mais cette question de compétence, nous disent les auteurs cités plus haut, ne change rien au fond du droit, et le tribunal civil devra, aussi bien que le tribunal de commerce, reconnaître que le commissionnaire a droit à un salaire et à un privilége. Cela est de toute justice, car le mandant ne manquera pas d'invoquer contre le négociant mandataire les rigueurs du droit commercial s'il le poursuit devant les tribunaux de commerce. Remarquons, dans notre hypothèse, que si le commissionnaire poursuit un commettant devant les tribunaux civils, il ne pourra pas se prévaloir de sa qualité pour faire admettre la preuve par témoins au delà de 150 fr.

Que décider à l'inverse si le mandataire chargé de faire quelques achats ou ventes pour le compte d'un négociant, n'est pas lui-même commerçant ? On a essayé de soutenir que de pareils achats ou de pareilles ventes ne peuvent pas faire considérer celui qui est chargé de les faire comme commissionnaire; qu'un non commerçant ne pouvait pas faire acte de commerce en vendant ou achetant pour le compte d'un autre, lorsqu'il ne ferait pas acte de commerce en vendant ou achetant la même chose pour son propre compte; que d'ailleurs ce que la loi réputait acte de commerce (art. 632), ce n'était pas tel ou tel acte de commission, mais toute entreprise de commission. Mais cette opinion n'est pas admissible. C'est moins la qualité de celui qui agit, que l'agissement que l'on doit considérer. Le fait de quelques achats ou ventes pour le compte d'un négociant doit être considéré comme acte de commerce et faire appliquer ici les règles spéciales de la commission; car si le législateur se sert dans l'article 632, Code comm., du mot *entreprise*, il ne faut pas en conclure qu'on ne devra considérer comme commissionnaire que celui qui fera habituellement des actes de commission. La preuve que telle n'est pas la pensée du législateur, c'est qu'il appelle commissionnaire, non pas... tout commerçant, mais bien... *celui qui agit en son nom pour le compte d'un autre* (art. 91). Le premier alinéa de l'art. 632 prouve d'ailleurs qu'un acte de commerce peut prendre naissance, indépendamment de toute habitude, chez celui qui le fait, puisque acheter accidentellement pour revendre, c'est faire un acte de commerce.

La commission peut être donnée par une ou plusieurs personnes intéressées à une même entreprise ; elle peut être également remplie par une ou plusieurs personnes (art. 1995, C. Nap.). Tout le monde reconnaît qu'une société en nom collectif ou en commandite peut se former pour faire la commission ; mais quelques auteurs ont prétendu qu'une société anonyme ne pouvait pas se créer dans le but de faire des actes de commission. Ils se fondent sur l'art. 91, C. comm., qui exige que le commissionnaire agisse en son nom ou sous un nom social. Mais c'est interpréter trop judaïquement ce texte. Le commerce est libre en France pour les sociétés régulièrement constituées et reconnues par l'Etat. Pour qu'une exception soit apportée à cette règle générale, il faut qu'elle soit clairement énoncée. On peut dire d'ailleurs que si le législateur n'a pas parlé de la société anonyme, c'est qu'elle convient peu aux commissionnaires dont les entreprises commerciales ne peuvent être que rarement en rapport avec l'étendue et l'importance des opérations qui font supposer la société anonyme. Ajoutons enfin qu'en fait et dans l'usage, les sociétés anonymes adoptent une raison sociale sous laquelle l'entreprise a sa personnalité civile.

EFFETS DU CONTRAT DE COMMISSION ENTRE LE COMMETTANT ET LE COMMISSIONNAIRE.

I.

OBLIGATIONS DES COMMISSIONNAIRES.

Nous appliquerons les règles générales du mandat, modifiées par les usages du commerce, en faisant remarquer que la responsabilité du commissionnaire doit être d'autant plus grande qu'il retire un avantage du contrat pour les soins qu'il donne aux affaires du commettant.

Nous devons d'abord poser ce principe reconnu par le droit romain et par le droit français, c'est que le mandataire doit strictement se conformer aux termes du mandat impératif, et doit, à défaut d'intention bien manifestée de la part du mandant, faire pour le commettant tout ce que celui-ci ferait lui-même, s'il était soigneux de ses intérêts.

Dans le cas d'un mandat impératif, le commissionnaire est obligé de s'en tenir à la chose précise dont il est chargé ; il faut qu'il accomplisse le mandat par les moyens indiqués. Il ne doit rien faire au-delà de la procuration ; il doit éviter de rien faire en moins. Il sera responsable non-seulement s'il n'achète pas la quantité, mais s'il achète des qualités inférieures à ce que le commettant lui a demandé. Mais que déciderons-nous si le commissionnaire a dépassé le prix qui lui avait été fixé pour l'achat des marchandises? Il est évident qu'il n'aura pas le droit de se faire rembourser l'excédant, mais pourra-t-il réclamer à son commettant le montant de la somme qui a été déterminée? Nous avons vu que cette question avait été controversée en droit romain par les deux écoles des jurisconsultes, et que les Sabiniens, craignant que le mandant fût à la discrétion du mandataire, ne donnaient pas d'action à ce dernier, tandis que les Proculéiens décidaient au contraire que le mandataire pourrait toujours réclamer à son mandant la somme qui aurait été versée par celui-ci. C'est, du reste, cette dernière opinion qui a été adoptée par Justinien comme plus équitable. Quelle solution donnerons-nous à cette question en droit français? Nous croyons qu'il faut distinguer deux hypothèses. Si l'opération que le commissionnaire était chargé d'exécuter, est divisible, nous lui accorderons l'action dans les limites du mandat. Nous appliquerons ici la doctrine que nous avons développée en droit romain, à propos du fidéjusseur qui a promis 110, tandis que le mandant l'avait prié de se porter fidéjusseur pour une somme de 100. Nous avons dit qu'on comprenait très-bien dans cette hypothèse que le fidéjusseur pût agir contre le mandant et lui réclamer la somme fixée par le mandat, parce que les inconvénients que présentait le système des Proculéiens ne pouvaient pas prendre naissance, puisque l'opération était très-divisible. Nous avons critiqué, en conséquence l'assimilation que Justinien a fait entre le cas de fidéjussion et celui de mandat portant sur l'achat d'une maison.

Nous admettrons en principe la doctrine des Sabiniens toutes les fois que l'opération ne sera pas divisible. Nous rechercherons quelle a été l'intention du commissionnaire qui a excédé ses pouvoirs; nous nous demanderons s'il a agi pour lui ou pour le commettant et nous ne serons pas sévère pour le commissionnaire de bonne foi qui aura payé un peu plus, parce qu'il croyait que la chose valait le prix qu'il l'a achetée.

Chargé de vendre, le commissionnaire est obligé de vendre au prix fixé, à moins de cas de force majeure ou d'absolue nécessité. Il devra chercher à vendre le plus cher possible, sans pouvoir prétendre à l'excédant du prix qu'il a obtenu par ses soins ou son intelligence.

Il ne peut vendre à terme s'il est chargé de vendre au comptant, et, s'il ne tient pas compte de l'ordre qui lui est donné à cet égard, le commettant pourra réclamer, après la vente, le montant du prix des marchandises vendues. Toutefois, nous devons faire remarquer que si la vente à terme avait déterminé le tiers acheteur à payer plus cher, le mandant ne pourrait pas prétendre à l'excédant du prix qui appartiendra au commissionnaire comme équivalent des risques que l'insolvabilité de l'acheteur peut lui faire courir.

Si le commissionnaire est autorisé à vendre à crédit, il ne peut pas accorder de délais plus longs que ceux qu'on accorde d'ordinaire dans le commerce.

A défaut de précision du mandat, il devra en toutes matières se conformer aux usages de la place ou aux règles qu'il aura suivies dans ses relations antérieures avec le commettant.

Il devra faire tout ce qu'il pourra pour remplir la commission en temps opportun et se régler, dans ses achats sur la destination présumée que le mandant veut donner aux objets achetés. Autant que possible, et à moins que la commission doive s'exécuter dans un bref délai, il devra donner avis au commettant des variations que le prix des marchandises subit sur la place, afin que le mandant puisse modifier les ordres qu'il aura précédemment donnés.

Le commissionnaire ne peut pas employer à son usage les fonds qui lui ont été remis par le commettant ; s'il le fait, il sera tenu d'en payer les intérêts du jour de leur emploi (article 1996), sans préjudice de plus amples dommages et intérêts si l'emploi des fonds a fait manquer l'opération qu'il était chargé de faire pour le commettant. Il est, à l'égard des marchandises qu'il est chargé de vendre ou de celles qu'il a achetées pour le compte d'autrui et qu'il a en magasin, assimilé à un dépositaire et soumis en conséquence à toutes les obligations de ce dernier.

Il peut même, au cas de refus d'acceptation et lorsque les marchandises lui ont été expédiées, se trouver obligé à prendre toutes les mesures conservatoires urgentes. Les auteurs, et notamment MM. Pardessus (t. 2, p. 558), Delamare et Lepoitevin, pensent que le commerçant qui reçoit un ordre ne peut se dispenser de l'exécuter, lorsque l'urgence ne permet pas d'avertir le commettant du refus d'acceptation. Tel serait le cas où on donnerait commission d'opérer le recouvrement ou le protêt d'un effet dont le délai expire le jour même de sa réception. Ces principes, disent-ils, ne sont écrits dans aucune loi, mais ils sont commandés par l'équité naturelle et les besoins du commerce. On était même plus sévère en Italie, et

Casaregis nous apprend que les commerçants ne pouvaient, sous aucun prétexte refuser une commission qui leur était adressée. « Mercatores « exercentes mercaturæ officium, non possunt « aliis mercatoribus operam suam denegare ». (Del. et Lep., t. 2, p. 73.)

La responsabilité du commissionnaire est très-grande. La force majeure et les cas fortuits seuls ne lui sont pas imputables. Il faut entendre par force majeure tout accident que la vigilance et l'industrie des hommes ne peuvent ni prévenir ni empêcher. Remarquons toutefois que le commissionnaire sera responsable de la force majeure s'il y a faute de sa part, et que le cas imprévu même lui sera imputable si c'est à l'imprudence, à l'impéritie ou au défaut de soins qu'il faut attribuer les pertes qu'il aura causées. C'est aux juges qu'il appartiendra de décider quand il y aura faute. Le législateur français à la différence des jurisconsultes romains n'a point voulu faire de théorie sur les fautes. Ce n'est pas, en effet, à l'intelligence humaine qu'il est donné de prévoir toutes les différentes variations qui peuvent se présenter dans la négligence ou la culpabilité d'un agent responsable.

C'est le commissionnaire qui devra prouver le cas fortuit ou la force majeure, et le commettant devra prouver qu'il est résulté d'une faute du mandataire, s'il veut rejeter la perte sur ce dernier (1808, C. N.).

Le commissionnaire, en principe, est tenu d'exécuter par lui-même la commission qu'il a reçue. Vraie en droit civil, cette règle doit s'appliquer avec plus de raison en matière commerciale, où la capacité, le crédit, les relations d'une personne sont plus qu'en toute autre matière la cause des succès des opérations dont on l'a chargée. En cas de silence du mandant, nous accorderons au commissionnaire le droit de se faire remplacer si un cas fortuit vient l'empêcher d'exécuter et que l'opération ne puisse pas être différée. Mais une difficulté se présente qu'elle sera alors la responsabilité du commissionnaire quant aux actes du substitué. Appliquerons-nous purement et simplement l'art. 1994 du Code civil, et dirons-nous que le commissionnaire sera tenu des fautes du gérant comme s'il avait géré lui-même. Nous ne le pensons pas. Tout ce que l'on peut exiger du commissionnaire, c'est qu'il se conduise pour son commettant comme il voudrait qu'on se conduisît pour lui-même. On doit présumer que le mandant aurait donné le pouvoir s'il eût prévu le cas fortuit ou l'avait connu en temps utile (Delm. et Lep., t. 11). Il suffira donc que le substitué ne soit pas notoirement incapable ou insolvable au moment de la substitution, pour que le commissionnaire échappe à toute responsabilité.

Le mandant peut permettre au commissionnaire de se substituer quelqu'un ; le commettant peut désigner une personne pour remplacer au besoin son chargé d'affaires. Dans ce cas, le commissionnaire devra se conformer strictement aux termes du mandat, et remettre ses pouvoirs à la personne désignée toutes les fois qu'il ne pourra pas agir lui-même. Remarquons toutefois, que si depuis le mandat la solvabilité ou la moralité de la personne désignée a été sérieusement atteinte, c'est un devoir pour le mandataire commercial d'en prévenir le mandant. Si des difficultés s'élevaient sur l'interprétation de la convention, les juges auront le droit souverain de décider pour quels cas et en vue de quelles hypothèses particulières la substitution a été permise (Delam. et Lep., t. 11).

Si le pouvoir de se substituer quelqu'un a été donné au commissionnaire sans désignation de personnes, nous appliquerons une règle plus sévère que celle du droit civil, et il ne suffira pas, pour que le mandataire commercial échappe à toute responsabilité que le substitué, au moment de la délégation, ne soit pas tout-à-fait insolvable ou incapable, il faudra encore qu'il soit capable de mener l'affaire à bonne fin.

Enfin le commissionnaire est tenu de rendre compte. Ce compte doit être fidèle. Il n'est pas permis au mandataire de profiter des bénéfices et de faire tourner à son avantage les opérations qu'il est chargé de faire pour le compte du mandant (Lyon, 2 août 1831). S'il a mission d'acheter ou de vendre et qu'il fasse une bonne opération, il doit en remettre tout le bénéfice au commettant et se réserver seulement son droit de commission. Il ne faut point transformer en tromperie et en abus de confiance un contrat qui exige, au plus haut degré, la bonne foi et la loyauté de la part du mandataire.

Si plusieurs commissionnaires sont chargés de l'opération, il n'y a pas de solidarité entre eux si elle n'a pas été expressément stipulée. Il n'y a aucune raison pour ne pas appliquer à notre matière l'article 1995 du Code Napoléon. La responsabilité des commissionnaires est bien déjà assez sévère pour qu'il ne soit pas nécessaire de resserrer les liens de leurs obligations, lorsque aucun texte de loi n'y autorise.

Une personne ne peut pas être obligée si un droit n'existe pas au profit d'une autre. Parler des obligations du commissionnaire, c'est dire quels sont les droits du commettant. Voyons maintenant quels sont les droits du commissionnaire et par suite les obligations du commettant.

II.

DES OBLIGATIONS DU COMMETTANT.

Les principes du mandat imposent au commettant plusieurs obligations principales que nous allons successivement examiner. Nous savons déjà que la commission est un contrat à titre onéreux, que le salaire est un élément naturel de ce contrat. La première obligation du mandant est de payer au commissionnaire le droit de commission.

Le salaire est laissé à la volonté des parties qui peuvent le stipuler et le promettre sous toutes les modifications conditionnelles ou aléatoires dont les autres obligations commerciales sont susceptibles. A défaut de convention, il se règle sur l'usage du lieu où l'opération est faite ou sur celui des pays voisins. Le droit de commission est-il dû lorsque l'affaire n'a pas réussi, si l'on ne peut reprocher ni dol, ni fraude, ni faute, au commissionnaire ? Cette question est controversée entre les auteurs. Nous pensons avec MM. Persil et Croissant (p. 59) qu'il faut décider en principe que le droit de commission n'est pas dû. Car, s'il en était autrement, il arriverait qu'un commissionnaire peu scrupuleux profiterait de l'absence du commettant pour négliger ses devoirs et se faire payer ensuite comme s'il les avait bien remplis. Toutefois il faudra tenir compte au commissionnaire de son temps perdu, de ses démarches ou de sa peine.

Dans le cas d'exécution partielle, le commettant devra payer le droit de commission sur la partie qui aura été faite. Aucun salaire ne serait dû si l'opération n'était pas divisible, car alors l'exécution partielle ne procurerait aucun avantage au commettant.

Le commissionnaire peut comme le mandant révoquer *ad nutum* le mandat qu'il a donné. Si la révocation ne peut pas être imputée au dol ou à la faute du commissionnaire, un droit de commission est dû, car le commissionnaire ne peut pas être victime du caprice du mandant. Le mandataire n'aurait aucun droit si la révocation lui était imputable ; c'est lui, au contraire, qui devrait des dommages et intérêts.

Dans le cas où le commissionnaire s'est substitué quelqu'un, doit-on accorder un seul ou deux droits de commission ? Les auteurs établissent des distinctions qui nous paraissent toutes beaucoup trop spéciales. Les uns disent (Delam. et Lep.) qu'il faut distinguer si la substitution est volontaire ou forcée, et reconnaissent que la substitution sera forcée, et que deux droits de commission seront dus si le mandataire tombe malade. D'autres (Dalloz) veulent, pour que le substituant et le substitué aient droit chacun à un salaire, que la substitution ait une cause tout. à fait étrangère au mandataire ; comme si , par exemple , le commissionnaire délègue ses pouvoirs parce qu'il appartient à une nation qui ne peut pas acheter ou vendre dans le pays où l'opération doit se faire.

Nous résoudrons la difficulté par l'application des principes que nous avons posés plus haut. L'opération est-elle divisible ? Nous accorderons au substituant et au substitué un droit de commission proportionné à la part qu'ils auront prise dans l'opération. Est-elle indivisible ? Le substitué seul qui aura mené l'affaire à bonne fin aura droit à un salaire, en reconnaissant toutefois qu'une indemnité sera due au substituant pour les démarches qu'il aura pu faire, et les soins qu'il aura donnés à l'opération avant qu'un accident indépendant de sa volonté soit venu l'empêcher d'agir par lui-même. Cette théorie nous paraît plus juste que celle de MM. Delamarre et Lepoitevin, car le commettant ne peut pas être forcé, lorsque le commissionnaire tombe malade, de lui payer un droit de commission, puisque celui-ci ne lui rend aucun service. D'un autre côté, il nous paraît trop rigoureux d'admettre avec M. Dalloz

que la maladie du commissionnaire doit libérer
le commettant et le dispenser de reconnaître
les soins que son mandataire a donné à l'opération, quand même il ne l'aurait pas terminée.

CLAUSE DE DUCROIRE.

Le droit de commission dont nous venons de
parler est appelé droit simple. Le commissionnaire auquel il est dû ne répond pas de la solvabilité des tiers. Il suffit qu'au temps de l'opération il ait pris tous les renseignements possibles sur leur solvabilité pour qu'il soit à l'abri
de tout reproche. De là beaucoup d'inconvénients auxquels les usages du commerce ont
remédié. Le commettant ne connaît pas les
tiers avec lesquels le commissionnaire a traité ;
sera-t-il payé à l'échéance ou ne le sera-t-il
pas? C'est là une question qu'il lui est bien
difficile de résoudre, tant sont grandes les
chances de commerce! Il ne connaît pas d'ailleurs la solvabilité des tiers, puisqu'il n'a pas
eu de relations avec eux et qu'il ignore leur ré-
putation sur la place. S'il est prudent, il res-
treindra ses opérations et attendra pour prendre
des engagements qu'il ait acquis la certitude
d'être payé à l'échéance. Si on suppose que le
commissionnaire se rende garant de la solvabilité des tiers, le commettant ne sera plus obligé

de restreindre ses opérations, il connaît son débiteur puisqu'il l'a choisi ; il contractera de nouvelles dettes, certain de la bonté des créances qu'il a lui-même contre les autres. C'est pour donner toute sûreté au commettant qu'on a imaginé une convention qui s'appelle convention ducroire, et qui a pour effet de mettre à la charge du commissionnaire l'insolvabilité des tiers et de lui accorder en échange un double droit de commission.

Cette convention peut être expresse ; elle peut résulter de la correspondance. Le commettant sera tenu du double droit de commission toutes les fois qu'il est de l'usage des lieux que le commissionnaire se le fasse payer. Si le prix de commission est plus élevé que celui qu'on a le droit de réclamer ordinairement, les juges devront supposer que la convention ducroire a eu lieu (Bruxelles, 7 octobre 1818). La Cour de Bordeaux, par arrêt du 24 décembre 1824, a décidé que le ducroire est dû toutes les fois que le commissionnaire endosse les billets des tiers au profit du commettant, puisque par là il est garant de la solvabilité des acheteurs.

On s'est demandé si le ducroire serait dû par le commettant dans le cas où le commissionnaire n'aurait pas eu de risques à courir, et quelques auteurs (MM. Del. et Lep.) ont décidé que le ducroire n'était pas dû. Mais c'est là, selon nous, une erreur. La convention ducroire est aléatoire ; elle est toujours due quand même il n'y aurait aucune raison sérieuse de craindre l'insolvabilité des tiers. S'il en était autrement, le commissionnaire ne consentirait jamais à faire la convention ducroire, puisqu'elle ne pourrait produire son effet que dans le cas où les risques courus dépasseraient le plus souvent la double commission qu'il a le droit de percevoir.

La clause de ducroire ne doit pas être restreinte rigoureusement à la garantie des insolvabilités ; mais une stipulation expresse est alors nécessaire pour donner plus d'étendue à cette convention.

OBLIGATION DE REMBOURSER LES AVANCES ET FRAIS FAITS PAR LE COMMISSIONNAIRE.

Le commettant doit rembourser au commissionnaire les avances et frais qu'il a faits pour l'exécution du mandat. Il est juste, en effet, que celui qui retire tout le bénéfice d'une opération en supporte les charges.

Ces avances et ces frais doivent avoir été faits par nécessité et de bonne foi (56, § 1, *mandati*).

Mais le commettant doit-il rembourser les

dépenses utiles? La question est controversée. Les uns disent que si le commissionnaire chargé d'expédier les marchandises les a assurées, il ne pourra réclamer au commettant les frais d'assurance qu'autant qu'il y aura eu convention expresse à cet égard, ou qu'il y aura eu des précédents bien établis entre le commettant et le commissionnaire. Cette doctrine est trop rigoureuse. En effet, le pouvoir de prendre l'assurance est implicitement contenu dans le mandat d'expédier la chose et de la soigner au mieux. (Troplong, 625, *Traité du mandat.*) D'ailleurs si un sinistre était arrivé, le mandant aurait certainement profité de l'assurance, il est juste qu'il rembourse la prime qui aura été payée.

Il suffit, pour qu'on puisse répéter les dépenses qu'on a faites, qu'elles aient eu un caractère d'utilité, à la différence de ce qui est admis dans le contrat de gestion d'affaires (1375, C. Nap.). Peu importe qu'elles aient été directement prescrites ou sollicitées par le mandant, ou nécessitées soit par l'exécution du mandat, soit par la loi impérieuse des circonstances. Peu importe que l'utilité réelle dans le principe ait cessé depuis ou se soit évanouie (L. 10, *Neg. gest.*, Del. et Lep.).

Le commettant doit au commissionnaire les intérêts des avances qu'il a faites, et ces intérêts courent du jour des avances constatées. Il faut décider de même que si le commissionnaire tenait en réserve, d'après l'ordre qu'il en a reçu, des sommes d'argent pour en disposer au gré du mandant, les intérêts seraient dus du jour où l'ordre aurait été donné (Cour de Paris, 30 mars 1844). Ces principes sont empruntés à la législation romaine (L. 1, *mandati*) qui faisait courir les intérêts de plein droit, comme cela a été admis chez nous (2001). Ces intérêts sont accordés au commissionnaire pour lui épargner une perte, et non pour lui procurer un bénéfice.

Le commettant doit indemniser le commissionnaire des pertes éprouvées dans l'accomplissement du mandat.

Nous avons vu qu'en droit romain les jurisconsultes, en reconnaissant que le mandataire ne peut pas tirer avantage de l'accomplissement du mandat, et ne doit pas éprouver de préjudice, n'étaient pas d'accord sur l'étendue de la responsabilité du mandant. Nous savons que Paul et qu'Africain donnent une solution différente dans l'espèce prévue par la loi 61, § 5, *de furtis*, et que ce dernier jurisconsulte est beaucoup plus équitable et plus juste que le premier.

Pothier, dans son *Traité du mandat*, n° 76, essaie de concilier la loi 26, § 6, *mandati*, et la loi 52, § 4, *pro socio*. Il s'étonne que le jurisconsulte Paul refuse, contre le mandant, toute action au mandataire qui a été volé pendant un voyage qu'il faisait pour l'exécution du mandat, tandis que dans la même hypothèse Ulpien déclare que l'associé qui aura été victime de son zèle devra être indemnisé par ses coassociés. Il imagine une conciliation que les textes n'autorisent pas, et qui consiste à dire « que le lieu dans lequel l'associé a été attaqué et volé était un lieu infesté de voleurs, par lequel l'associé ne se serait pas exposé de passer s'il n'eût été obligé d'y passer pour l'affaire dont il s'était chargé, » tandis que la loi 26 suppose « que le chemin que le mandataire a pris n'était pas plus dangereux qu'un autre. » Nous repoussons cette conciliation, et nous reconnaissons, malgré l'ingénieuse explication de Pothier, qu'il y avait divergence d'opinion entre les jurisconsultes romains. Nous n'hésitons pas à déclarer qu'on doit aujourd'hui appliquer la théorie si équitable d'Africain, et donner au commissionnaire une action contre le commettant pour tout le préjudice que le mandataire n'aurait pas éprouvé s'il ne s'était pas chargé de la commission, pourvu toutefois qu'il n'ait pas commis d'imprudence. L'art. 2000,

C. Nap., ne distingue pas entre les pertes dont le mandat a été l'occasion ou la cause. Nous n'avons pas à distinguer après lui.

On devra, à plus forte raison, indemniser le mandataire si c'est par la faute ou par la malice du mandant que le mandataire a subi des pertes. Cette doctrine était admise à Rome par les jurisconsultes les plus rigoureux (L. 26, § 7, *mandati*).

Le commettant doit garantir le commissionnaire des suites des engagements que celui-ci a contractés pour l'exécution de la commission.

Le mandant, nous dit Pothier, n° 80, doit indemniser complétement le mandataire. Il faut, pour que l'indemnité soit entière, qu'il soit déchargé des obligations qu'il a contractées pour l'exécution du mandat. En principe, dès que le commissionnaire a pris des engagements, il a le droit d'exiger que le commettant vienne le garantir, à moins que le mandat consiste précisément dans un cautionnement ou un endossement par exemple, ou bien encore que la convention ducroire ait eu lieu entre les parties contractantes.

Si le commissionnaire a acheté des marchandises, il peut exiger que le commettant en prenne livraison; s'il a contracté des obligations à terme, nous déciderons, comme les lois romaines, qu'il peut agir contre le commettant, pour que celui-ci lui donne des garanties ou s'engage à payer à l'échéance. Il serait trop rigoureux d'exiger que le mandataire fût obligé de vendre ses biens pour le compte du mandant.

Peu importe d'ailleurs la nature de la garantie qui sera donnée par le commettant. Il pourra, si les créanciers y consentent, se substituer au débiteur, ou bien donner des marchandises en nantissement ou accepter des traites à une échéance calculée sur celle de l'obligation personnelle du garanti (Delam. et Lep.).

DE LA SOLIDARITÉ ENTRE COMMETTANTS.

Puisque tous les mandants reçoivent le service en commun, a dit M. Tarrible dans son rapport au Tribunat, il est juste que leur solidarité protège l'indemnité du mandataire qui a fait l'affaire commune. Ce principe trouve surtout son application dans les matières commerciales où les nécessités du crédit ont donné à la solidarité une grande extension. D'ailleurs, l'art. 2002, C. Nap., ne distingue pas entre le mandat salarié et le mandat gratuit, et doit en conséquence s'appliquer à la matière qui nous occupe.

Toutefois, le commissionnaire ne peut pas être plus favorisé que le mandataire, et pour que les commettants soient solidairement responsables, il faut que le commissionnaire ait été choisi par plusieurs commettants pour une affaire commune.

Nous étudierons dans un chapitre spécial les avantages particuliers qui appartiennent de droit commun au commissionnaire. Nous insisterons surtout sur le privilége spécial qui lui est accordé par le Code de commerce.

DES RAPPORTS DU COMMISSIONNAIRE ET DU COMMETTANT AVEC LES TIERS.

I.

RAPPORTS DU COMMISSIONNAIRE AVEC LES TIERS.

Entre les deux hypothèses prévues par les art. 91 et 92, C. comm., il n'y a aucune différence au point de vue des rapports du commettant et du commissionnaire. La distinction faite par ces articles entre le mandataire qui agit en son nom ou au nom du commettant n'a d'importance qu'en ce qui concerne les tiers.

Sans doute, il pourra être quelquefois difficile de décider *a priori* si les tiers ont entendu contracter ou non avec le commettant. En présence d'espèces douteuses, c'est à la sagacité des juges qu'il appartiendra de voir si l'article 91 ou 92 du Code de commerce doit recevoir son application. On devra toujours supposer, à moins que le contraire soit prouvé, que le commissionnaire a contracté en son propre nom. Les obligations personnelles du commissionnaire sont en effet plus conformes à l'usage du commerce et à l'intention du commettant qui emploie des intermédiaires pour assurer le secret de ses opérations. Aucune difficulté ne s'élèvera si le commettant n'a pas été nommé aux tiers ou ne s'est pas présenté à eux; il leur restera dans ce cas complétement étranger. Toutefois, la présence du commettant au moment du contrat, ou la circonstance qu'on l'aurait nommé, n'empêcheront pas toujours qu'il reste étranger aux tiers au point de vue des opérations que ceux-ci font avec le commissionnaire. Si, par ordre de Jacques, je fais traite sur une personne qu'il m'indique, bien que le nom du commettant figure dans la traite, je n'en reste pas moins obligé envers le preneur et les endosseurs (Delamare et Le Poitevin).

Le commissionnaire qui agit en son nom n'engage que lui seul et ne stipule que pour lui. S'il est obligé envers les tiers ou s'il est leur créancier, il n'en est pas moins mandataire à l'égard du commettant; car le contrat fait en exécution du mandat, est un contrat distinct du mandat lui-même. Le commissionnaire demeure obligé directement comme s'il avait contracté pour son propre compte.

Il résulte de là, qu'il peut opposer aux tiers toutes les exceptions qui lui sont personnelles; mais il ne peut leur opposer que celles-là puisque les tiers sont étrangers au commettant. De même, le commissionnaire pourra compenser ce qu'il doit aux tiers avec ce que ceux-ci lui doivent pour le compte du commettant.

II.

RAPPORTS DES TIERS AVEC LE COMMETTANT.

Nous savons que, d'après les principes du droit romain, les tiers qui contractaient avec le mandataire n'avaient pas d'action contre le mandant. Nous avons montré par quels progrès successifs on était arrivé à modifier la rigueur de cette règle et comment on avait étendu au mandat les principes de l'action institoire, et donné aux tiers une action directe contre le mandant. Cette théorie admise par notre ancien droit a été consacrée par le Code. Le mandataire n'est plus qu'un intermédiaire qui disparaît et s'efface devant le mandant. Mais le commissionnaire contracte en son nom ; il oblige les tiers et s'oblige envers eux. Ceux-ci ne connaissent que lui et n'ont d'action que contre lui. Ils peuvent invoquer le principe général de l'article 1166, C. N., mais ils agissent alors du chef du commissionnaire ; ils empruntent sa personnalité ; ils n'ont que des actions obliques fondées sur ce que tout créancier peut exercer les droits de son débiteur, sans qu'il soit besoin que celui-ci cède son action. Il faudra donc encore soigneusement distinguer les différentes hypothèses prévues par les art. 91 et 92. Si on se trouve dans le cas du premier, les tiers n'ont pas d'action directe contre le commettant ; d'où il résulte que si le commissionnaire tombe en faillite, les tiers ne pourront réclamer ce qui est dû à leur débiteur par le commettant qu'à la condition de remettre dans la masse ce qu'ils obtiendront et de subir le concours des créanciers du commissionnaire, résultat qui ne se produirait pas s'ils avaient une action directe. De même, s'ils se présentent au nom du commissionnaire, le commettant pourra leur opposer toutes les exceptions qu'il pourrait opposer à leur débiteur, s'il exerçait lui-même son action.

De la revendication faite par le commettant contre la masse des créanciers du commissionnaire failli.

Si le commettant a donné mandat d'acheter des marchandises et qu'après l'exécution le commissionnaire tombe en faillite, le mandant peut revendiquer les objets achetés entre les mains du failli à la condition de rembourser les frais, les avances qui ont pu être faits et le droit de commission. Dans ses rapports avec le commettant, le commissionnaire n'est qu'un mandataire, il ne devient pas propriétaire des objets achetés ; ses créanciers ne peuvent donc pas s'opposer à la revendication, puisqu'ils n'ont pas plus de droits que leur débiteur.

Si le commettant a expédié des marchandises, avec ordre de les vendre, il aura droit de les revendiquer en tout ou en partie, si elles existent en nature (575, C. comm.), si elles sont encore entre les mains du commissionnaire ou chez un tiers qui les détient pour le compte de celui-ci, pourvu toutefois que les marchandises n'aient pas été vendues et que le commettant rembourse à la masse ce qu'il devait au commissionnaire.

Le prix des marchandises vendues est subrogé à la chose et peut être revendiqué si les acheteurs le doivent en tout ou en partie. Le commettant pourra signifier aux tiers une opposition pour les empêcher de le verser dans la caisse de la faillite.

Si le prix a été payé, la revendication ne sera possible qu'à la condition de s'exercer sur des corps certains qui proviendront d'une manière non équivoque de la vente des marchandises. Ainsi, on décide que le commettant pourra revendiquer contre la masse les billets que l'acheteur aura donnés en payement, s'ils se trouvent encore en portefeuille, ou bien s'ils ont été transmis par endossement irrégulier, car cet endossement équivaut à une procuration qui cesse de produire effet si le mandant fait faillite.

Il en serait autrement si le commissionnaire avait reçu des écus ou si la dette avait été novée ou compensée avec l'acheteur. Le règlement en valeurs opérera novation ; la compensation aura lieu si entre le commissionnaire et le tiers acheteur il y avait un crédit et un débit réciproques, et que le premier se trouvât débiteur du second avant l'achat. C'est ce que l'art. 575 appelle compensation en compte courant.

De même la revendication ne serait pas possible si une novation avait eu lieu entre le commettant et le commissionnaire. Le commettant ne serait plus alors que créancier simple de la faillite. Mais on décide (Pardessus, t. III, n° 1282) qu'il n'y a pas novation si le commissionnaire avait soldé au commettant, avant sa faillite, le prix provenant de la vente, en billets ou effets de commerce, pourvu que, lors de la faillite, ces billets ne soient pas acquittés ou échus; que le commettant les rende à la masse et qu'il prouve que ces billets lui ont été donnés en payement du prix des marchandises vendues.

Ce que nous venons de dire de la revendication d'objets destinés à être vendus s'applique aux effets de commerce envoyés en commission.

DROIT DE RÉTENTION. — SUBROGATION LÉGALE DU COMMISSIONNAIRE AUX DROITS DU COMMETTANT. — PRIVILÉGE SPÉCIAL DU COMMISSIONNAIRE.

Parmi les causes de préférence qui sont reconnues par notre droit et qui permettent à un

créancier de se faire payer avant ses concur-
rents, se trouve le droit de rétention. Il est reconnu implicitement par une foule de textes
(570, 865, 1612, 1673, 1749, 1948, 2082, 2087,
2280) et résulte de la convention expresse ou
tacite des parties. Le gage et l'antichrèse ne
sont que des cas particuliers du droit de rétention. Il est établi, en outre, en faveur de tout
individu qui détient la chose à raison de laquelle il est créancier, et donne au détenteur
le droit d'en conserver la détention jusqu'à
l'acquittement de ce qui lui est dû à raison de
cette même chose. Il est subordonné à différentes conditions; il faut que le créancier détienne effectivement la chose, et que les frais
pour lesquels on se prétend privilégié aient été
faits à l'occasion de l'objet que l'on détient. Le
commissionnaire qui a payé des frais de voiture, qui a fait des dépenses qui ont augmenté
la valeur de l'objet qui lui a été consigné, aura
le droit de conserver les marchandises jusqu'à
parfait payement. S'il est resté nanti, il pourra
se faire colloquer sur le prix avant les autres
créanciers du commettant, et cela est de toute
justice, car le commettant ne peut pas profiter
de la plus-value que le transport a donné à ses
marchandises, et se refuser à payer le prix qui
a été déboursé par le commissionnaire pour
cette plus-value.

Si le commissionnaire n'a qu'un droit de rétention pour les frais qui ont amélioré la chose, il a en outre un privilége reconnu par le Code Nap., 2102, § 3, pour les frais faits pour sa conservation, c'est-à-dire pour ceux sans lesquels la chose aurait péri, ou du moins aurait cessé de remplir sa destination. Ainsi seront privilégiés, par exemple, les frais d'emmagasinage ou d'emballage. Ce privilége, comme le droit de rétention, s'exerce exclusivement sur la chose conservée, mais il en diffère en ce qu'il est indépendant du fait de possession.

Subrogation. — Le commissionnaire qui a acquitté un engagement par suite d'opérations faites de l'ordre ou pour le compte d'un commettant, acquiert la subrogation légale qui lui permet d'exercer contre son débiteur tous les droits et priviléges qui appartiennent au créancier qu'il a payé. Ainsi, par exemple, s'il a acheté des marchandises pour le compte d'un négociant tombé en faillite, il pourra, par application de l'art. 1251, § 3, C. civ., invoquer le droit de revendication qui appartient au vendeur et qui est consacré par l'art. 576, C. comm. Tant que la marchandise achetée ne sera pas parvenue à sa destination chez l'acheteur ou chez le commissionnaire chargés de la revendre, ou n'aura pas été revendue sur factures et connaissements ou lettres de voiture signées par l'expéditeur, il pourra, s'il n'a pas fait novation, revendiquer les marchandises et se faire mettre en possession afin d'exercer son droit de rétention.

PRIVILÉGE DE L'ART. 93, CODE DE COMMERCE.

En outre de ces avantages généraux et de droit commun, qui appartiennent au commissionnaire, la loi lui accorde un privilége spécial à raison des services que la commission rend au commerce, et pour engager à faire des avances si nécessaires aux commerçants. Ce droit est établi par les art. 93 et 94, Code de comm., et appelé privilége par le législateur lui-même. Cependant, on a contesté l'exactitude de cette expression; on a soutenu que ce prétendu privilége n'était que l'extension du droit de rétention; on a invoqué l'usage, respectable sans doute, mais qui ne peut remplacer la loi.

Sans attacher d'importance à l'expression dont se sert le législateur lui-même, nous dirons que les art. 93 et 94 attribuent au droit conféré au commissionnaire tous les caractères du privilége. Le législateur n'admet pas la préférence du créancier seulement pour les frais faits à l'occasion de la chose, mais encore et surtout pour les avances. Or, s'il est juste que le commettant qui réclame ses marchandises soit obligé de payer les frais faits à l'occasion de la chose, parce que le droit de reprendre la chose et le droit de payer ce qu'elle a coûté, sont deux obligations corrélatives nées d'un même contrat, on comprendrait très-bien que les avances ne fussent pas privilégiées, puisqu'elles ont leur source dans un contrat de prêt tout-à-fait indépendant du contrat de commission. L'extension du droit de préférence aux avances faites pour le commettant ne peut résulter que de la faveur que la loi attache à cette avance, c'est-à-dire d'un privilége (Clamageran, Commission, n° 387).

L'art. 93, Code c., n'est, à proprement parler, qu'une conséquence de l'art. 2102, § 2. Les avances qui sont faites par le commissionnaire sont, en réalité, de véritables prêts dont les marchandises expédiées sont le gage. Cependant, de grandes différences existent entre le privilége dont nous parlons et le privilége de nantissement. Le nantissement ne relève que de la convention ; il donne un privilége anormal qui n'a aucun trait à la faveur due à la créance ; il peut intervenir pour garantir toutes les dettes. Au contraire, le privilége du commissionnaire n'existe que pour certaines avances ; la loi seule peut le produire, il est indépendant de la volonté des parties. La condition sans laquelle le gage ne peut subsister, c'est la mise en possession; la loi, au contraire, par l'art. 93, Code comm., admet des équivalents.

Pour que le contrat de gage puisse prendre naissance, les parties (art. 2074) doivent rédiger un acte public ou sous seing privé, dûment enregistré, contenant la déclaration de la somme due, ainsi que l'espèce et la nature des choses remises en gage, ou un état annexé de la qualité, poids et mesure. Il suffit, pour que le commissionnaire ait privilége, qu'il ait fait des avances sur des marchandises expédiées d'une autre place, encore bien qu'elles ne soient pas en sa possession.

L'art. 93 est donc une exception aux règles générales établies par les art. 2074 et suivants. Cette exception devra être restreinte au cas spécialement prévu par le Code de commerce, comme cela résulte d'une manière évidente de l'art. 95, Code comm., qui renvoie aux formalités du Code Nap. lorsqu'on ne se trouve plus dans le cas prévu par l'art. 93. On a contesté cette opinion; on a soutenu que les art. 93 et 94 n'étaient pas spéciaux aux commissionnaires; que leurs dispositions étaient de droit commun en matière de nantissement commercial; que les règles du Code Napoléon ne doivent recevoir leur application que dans le cas spécialement déterminé par l'art. 95, Code de comm.; que dans les autres hypothèses, le gage commercial devait se prouver par les moyens indiqués par l'art. 109, Code comm. (Troplong, n° 120, Nantissement). On appuie cette théorie sur l'art. 1084, Code Nap., qui aurait mis l'article 2074 hors de cause en matière commerciale. C'est là, selon nous, une erreur. On oublie que c'est le Code Napoléon qui, en matière de gage, a emprunté aux dispositions commerciales antérieures, et que l'art. 2074 a été pris dans l'ordonnance de commerce de mars 1673, art. 8 et 9. Si l'art. 2084, Code Nap., dit que les règles du Code Nap. ne sont pas applicables au commerce, c'est qu'il ne les trouve pas assez sévères. En effet, l'art. 8 de l'ordonnance déclare « qu'aucun prêt ne sera fait sous gage, qu'il n'y en ait un acte par devant notaire, dont sera retenu minute....., etc.; » tandis que l'art. 2074 donne plus de latitude aux parties. On ne peut pas invoquer les usages du commerce, puisque l'art. 1084 renvoie à des lois et règlements, et s'il est regrettable que les rédacteurs du Code de commerce n'aient fait ni lois ni règlements sur le nantissement commercial, on trouve du moins la preuve, dans l'exposé des motifs, que le législateur n'a pas voulu être plus favorable au nantissement commercial qu'au nantissement civil. Il distingue soigneusement le commissionnaire du prêteur sur gage;

il déclare « *que si le commissionnaire fail des avances à un commellant du lieu de la résidence du commissionnaire, elles ne peuvent être considérées que comme un prêt sur gage qui doit être soumis aux formalités que la loi exige pour ces sortes de prêts* » (Locré, t. 17, p. 41). Quelles sont donc ces formalités si ce ne sont pas celles de l'art. 2074? L'art. 95, Code comm., nous y renvoie expressément.

Soutenir que les règles du Code de commerce sur la preuve, que l'art. 109, C. comm., doit recevoir son application en matière de gage commercial en dehors de l'art. 95, c'est favoriser la fraude dans des affaires où elle est plus facile, plus dangereuse et plus fréquente que dans les affaires civiles. Si le nantissement commercial pouvait se prouver de toute manière, loin d'être favorisé, le commissionnaire se trouverait dans une position inférieure aux autres créanciers gagistes commerçants.

Quant à la loi du 8 septembre 1830, qui soumet à un droit fixe d'enregistrement les actes de dépôt ou consignation de marchandises, elle n'a pour but que de satisfaire aux exigences du commerce et de réduire à un droit fixe le droit proportionnel de 1 % (Macé, t. vi; Bravard, à son cours).

*Au profit de quelles personnes est établi le
privilége de l'art. 93, C. comm.*

Le privilége est accordé à tout commissionnaire, qu'il soit chargé ou non de la vente,
malgré les termes restrictifs de l'art. 93, qui
ne parle que du cas de vente. Il appartient
aussi bien au commissionnaire qui contracte en
son nom qu'à celui qui contracte au nom du
commettant ; car il n'y a guère de commissionnaire qui ne remplisse pas successivement les
deux rôles. Nous déciderons aussi avec la jurisprudence et les auteurs (Macé, t. VI, n° 462 ;
— Cass., 6 mai 1845 ; D., 45, 1, 503 ; — Nancy,
14 déc. 1838 ; — Rouen, 29 nov. 1838, D. 39,
2, 33 ; — Pardessus) que l'expression commissionnaire doit s'entendre de tout bailleur de
fonds, banquier ou autre, qui se trouve dans
les mêmes circonstances que celui qui fait habituellement des actes de commission. En effet,
le privilége de l'art. 93 n'est pas attaché à la
profession, mais à l'acte lui-même, et tout
commerçant qui fait un acte habituellement
exercé par un commissionnaire, devient en ce
point, et quant à cet acte, commissionnaire
lui-même.

A quelles créances est attaché le privilége.

Puisque l'avantage conféré par l'art. 93 au commissionnaire est un privilége, il doit être restreint aux créances qui sont indiquées par le législateur. Car les priviléges comme les nullités sont de droit étroit.

La loi accorde privilége sur les marchandises pour les avances et les frais faits à leur occasion, nous concluons de là que le droit de commission n'est pas privilégié, puisqu'il ne peut pas être compris parmi les frais; qu'il n'est pas davantage une avance, mais un salaire, pour l'accomplissement du mandat. C'est ainsi que l'a décidé un arrêt de la Cour de Bruxelles (13 janvier 1828; Dalloz, v° *Commissionnaire*, n° 142).

Les frais sont les déboursés faits à l'occasion de la marchandise; ils sont même privilégiés par application de l'art. 2102, § 3, comme nous l'avons dit plus haut, s'ils ont conservé la chose.

Quant au mot avances, c'est une expression générique qui comprend toutes les sommes qui sont déboursées par le commissionnaire dans l'intérêt du commettant, si elles l'ont été sur la foi de la consignation. Ainsi, l'on entendra par avances les mandats acquittés, les acceptations de lettres de change, les achats faits au nom du commettant, les payements opérés pour lui; en un mot, tout ce qui lui profite ou vient à sa décharge (Dalloz, v° *Commissionnaire*, n° 140; Delamare et Le Poitevin, n°ˢ 391, 421).

Peu importe que ces avances aient été faites sur l'ordre ou à l'insu du commettant, si elles étaient utiles ou ont été ratifiées.

Ce qui distingue l'avance, du prêt ordinaire, c'est que les premières sont faites en vue de marchandises tandis que, dans le prêt, le commissionnaire n'est guidé que par la solvabilité du commettant. Le projet du Code du commerce arrêté par la commission du 13 germinal an IX était précédé d'un exposé de motifs auquel nous empruntons ce passage : « *Le commissionnaire qui fait des avances ne prête pas à la personne, il prête à la chose, c'est-à-dire à la marchandise puisque c'est une anticipation qu'il fait sur son produit.* » En conséquence, toutes les fois qu'un commissionnaire consentira à prêter une certaine somme à un autre négociant, sans qu'il y ait consignation de marchandises ni promise ni annoncée, nous ne pouvons plus dire qu'il y a *avances* dans le sens de l'article 93 C. comm. et il n'y aura pas de privilége. C'est ainsi qu'on a jugé que le commissionnaire qui fait des avances dans l'ignorance de l'envoi qui lui est fait ensuite, n'a pas de privilége sur ce qui compose cet envoi (Aix , 11 janvier 1831) ; que lorsqu'un commerçant reçoit des marchandises, il ne peut pas les retenir en garantie d'avances faites sur des expéditions antérieures (Bordeaux, 22 juin 1831).

Si aucune difficulté ne peut s'élever sur ce point, une grande divergence se manifeste au contraire dans la jurisprudence quand il s'agit de sommes dues au commissionnaire antérieurement à l'expédition des marchandises pour avances faites en vue d'une expédition promise. La jurisprudence, après avoir admis par de nombreux arrêts l'affirmative semble incliner aujourd'hui vers la solution opposée, si on en juge par les trois derniers arrêts de la Cour de cassation (Ch. civ., 18 mars 1845 : Ch. civ., 4 décembre 1848. (D. 49, 1, 5) et cass, 13 mars 1850 ; D. 50, 1, 773), qui décident que toutes les avances qui sont faites antérieurement à la consignation des marchandises ou à l'expédition prouvée par un connaissement ou une lettre de voiture, ne sont pas privilégiées. Nous n'admettons pas la doctrine de la Cour de cassation. Les termes de l'art. 93 ne sont pas limitatifs ; ils parlent d'avances faites sur des marchandises *expédiées*. Le privilége n'existe que lorsqu'il y a eu expédition, mais il n'est pas nécessaire que les avances soient postérieures ou concommittantes à l'envoi. Cela n'est écrit nulle part. L'exposé des motifs parle *de prêts faits à la marchandise, d'anticipation sur son produit*. Ces paroles ne contrarient pas la solution que nous soutenons puisque nous supposons précisément que les avances ont été faites sur la foi et en contemplation de l'expédition promise. Les arrêts de la Cour suprême nous paraissent contraires au but que la loi a voulu atteindre; l'idée du législateur est de faciliter autant que possible les entreprises commerciales et, s'il est juste de ne pas trop favoriser un créancier aux dépens des autres, il ne faut pas le placer hors du droit commun. La Cour de cassation se montre plus rigoureuse que le Code civil dans l'art. 2074, et s'il est vrai que le prêt soit réputé fait sur gage lors même que le gage stipulé ou promis n'a pas été livré au moment du prêt et ne l'a été que plus tard, il faut déclarer à plus forte raison que les avances sont faites sur marchandises quand bien même elles n'ont pas été expédiées (Rejet 23 avril 1816; Bordeaux 28 janvier 1839; 22 décembre 1847; Paris 18 novembre 1848. D. 49, 2, 1). Cette opinion n'est pas nouvelle; elle a été consacrée par Valin.

Le privilége ne peut pas passer d'une chose sur une autre et lorsque le commissionnaire, détenteur des marchandises en vue desquelles il a fait des avances, en perd la détention, il ne peut pas se les faire rembourser sur les marchandises qui lui seraient postérieurement consignées (Bordeaux, 22 juin 1831). Il a été également décidé (Rouen, 27 novembre 1838), que le privilége établi sur des marchandises expédiées ne pouvait pas être transporté sur d'autres marchandises dont le connaissement postérieurement aux avances faites a été échangé avec le connaissement de marchandises qui ont déterminé les avances (Macé, t. VI, n. 493.).

Il faut décider, au contraire, que le privilége sur le gage peut passer d'une créance à une autre, et qu'il existe pour toutes les avances que le commissionnaire fait au commettant avec lequel il est en compte courant pendant tout le temps qu'il demeure nanti des marchandises; car il est probable que ces prêts n'auraient pas été faits si le commissionnaire n'avait pas été nanti (Douai, 5 janvier 1844, D., 44, 2, 261 ; 2082, C. Nap.).

Sur quoi porte le privilége.

Si les marchandises ont été vendues et si le prix en a été versé entre les mains du commissionnaire, il peut se payer lui-même; si l'acheteur doit encore son prix, le commissionnaire a le droit de se faire payer de préférence aux autres créanciers. Le prix représente la marchandise et si le privilége existe sur elle, il est juste qu'on puisse l'exercer aussi sur ce qui en représente la valeur (Perril et Crassat).

Mais si le commissionnaire est détenteur des marchandises sera-t-il forcé, pour les vendre, de se conformer aux formalités exigées par l'article 2078, C. Nap. ? Nous ne le pensons pas. La justice n'interviendra pas dans la vente ; car, si le débiteur qui a donné un gage n'avait pas l'intention d'aliéner, il n'en est pas de même du commettant qui a envoyé ses marchandises au commissionnaire avec ordre de les vendre.

Les marchandises ont un cours, il ne sera pas nécessaire que la vente soit faite aux enchères. Le commissionnaire pourra, sans qu'il soit besoin d'une clause expresse à cet égard, garder les marchandises et se les vendre à soi-même. Aucune fraude n'est à craindre, puisqu'il sera toujours facile de savoir ce que valent les marchandises, et que le commettant ne les vendrait pas à d'autres plus cher qu'elles sont payées par le commissionnaire.

Quelles conditions sont nécessaires pour l'existence du privilége.

Pour que le privilége puisse prendre naissance, lorsque les avances sont pleinement justifiées, il faut que les marchandises sur lesquelles doit porter le privilége soient expédiées d'une place à une autre, que le commissionnaire les détienne, ou qu'il soit au moins nanti du connaissement ou de la lettre de voiture.

Comme l'art. 93 dit que le commissionnaire a privilége sur les marchandises à lui expédiées *pour être vendues*, quelques auteurs exigent, pour l'existence du privilége, une troisième condition, mandat de vendre. Elle ne nous paraît pas nécessaire. Nous avons déjà dit que l'art. 93 statue *de eo quod plerumque fit. Tout commissionnaire......*, dit-il. Du reste, par cela seul que le commettant sollicite des avances d'un commissionnaire qui détient les marchandises, il est censé les lui affecter à titre de privilége. C'est ce qu'a décidé la Cour de cassation par arrêt du 6 mai 1845. Elle déclare qu'il importe peu que la vente soit faite par le consignataire ou par le propriétaire (Macé, t. 6, p. 463).

Reprenons les deux conditions auxquelles est subordonnée l'existence du privilége.

Expédition de place en place. — La loi exige cette condition pour prévenir les fraudes et empêcher un commerçant qui est sur le point de faire faillite, de s'entendre avec des tiers et de leur remettre, pour garantie d'avances supposées, des marchandises dont il serait impossible de vérifier la consistance. L'expédition qui est faite d'une autre place présente, soit quant à l'époque où elle a eu lieu, soit quant à la consistance des marchandises, et par suite de la correspondance, des indices et même des preuves propres à faire disparaître toute idée de fraude.

On doit reconnaître aux juges un pouvoir discrétionnaire pour déterminer quand il y aura expédition de place en place (Rej., 6 mars 1833; Paris, 22 avril 1836; 1er mars 1632; Dalloz, n° 189).

Nous déciderons, avec les auteurs et la jurisprudence qu'il n'est pas nécessaire que les marchandises soient directement et nominativement expédiées au commissionnaire. Si l'on suppose que le destinataire acheteur des marchandises dispose du connaissement à ordre qu'il a reçu, en faveur d'un commissionnaire qui lui fait des avances, elles seront privilégiées sur les objets expédiés. Cette solution est contenue dans les arrêts des cours d'Aix, 25 août 1831; Douai, 29 novembre 1843 (576, C. comm.). Ces avances ont été faites en vue des marchandises; le commissionnaire les a à sa disposition, puisqu'on a assimilé, avec juste raison, le connaissement à la clef du magasin dans lequel elles seraient déposées. Le destinataire devient expéditeur dans ses rapports avec le commissionnaire. Il sera nécessaire, pour que le privilége puisse prendre naissance, qu'il y ait expédition du cédant au cessionnaire.

Nous reconnaissons encore que le privilége prend naissance s'il y a expédition de marchandises à un commissionnaire résidant dans la ville du commettant. On a prétendu que l'article 95 s'opposait à cette solution puisqu'il exige qu'on recourre aux formalités de l'article 2074, C. Nap., lorsque le domicile des deux parties est le même; mais il doit s'interpréter par l'article 93, et il ne recevra son application que lorsque les marchandises n'auront pas été expédiées, et que le commettant et le commissionnaire habiteront la même ville. Il parle de marchandises déposées ou consignées, ce qui prouve bien qu'il suppose qu'il n'y a pas expédition. Cette interprétation est, du reste, conforme à la pensée du législateur, dont le but est de favoriser le transport des marchandises et de bannir de notre matière les précautions, les actes qui entraînent des lenteurs préjudiciables au commerce. Si les marchandises sont au loin, il sera fort difficile de satisfaire aux dispositions de l'art. 2074; d'un autre côté, l'éloignement des marchandises est une garantie contre la fraude; car le connaissement ou la lettre de voiture seront suffisants pour individualiser les marchandises expédiées. Si les motifs, à la faveur de la loi, sont les mêmes lorsque le commettant et le commissionnaire habitent la même ville ou lorsqu'ils habitent des lieux différents, nous devons donc donner la même solution pour les deux hypothèses, pourvu toutefois qu'il y ait expédition : *ubi eadem ratio, ibi idem jus esse debet* (Rej., 7 déc. 1826).

Il y a même des auteurs qui décident que l'expédition n'est pas nécessaire à l'existence du privilége ; qu'il résulte de la combinaison des articles 93 et 95 que le commissionnaire peut invoquer la faveur spéciale de la loi lorsqu'il y a expédition ou lorsqu'il habite un lieu différent de celui habité par le commettant, que, dans tous les cas, l'une de ces conditions suffit à l'existence du privilége. Admettre une solution contraire, dit-on, c'est soulever des difficultés et des lenteurs dont le commerce doit surtout s'affranchir. Le commissionnaire ne pourra pas faire dresser un acte tout seul, si l'on exige les formalités de l'article 2074. Le commettant sera obligé d'envoyer une procuration à un tiers, et si l'on songe que le commissionnaire ne consentira à faire les avances que lorsqu'il sera certain de l'existence du privilége, et qu'il pourra s'écouler un très-long temps entre la demande de la procuration et la réponse du commettant, il arrivera le plus souvent que les avances ne seront possibles que lorsque le commettant n'en aura plus besoin. Ce sont là , ajoute-t-on, tous les inconvénients que le législateur a voulu prévenir. Quelque favorable que nous paraisse le privilége du commissionnaire, quelque désireux que nous soyons de l'étendre, nous ne "ons cependant nous ranger à cette opinion. Sans doute toutes les raisons que l'on invoque nous paraissent sérieuses et bonnes dans l'intérêt du commerce, mais les termes de la loi sont trop formels pour qu'il soit permis de les méconnaître. L'article 93 exige qu'il y ait expédition de place à place. L'article 95 ne renvoie aux formalités générales du gage que lorsqu'il n'y a ni expédition, ni habitation différente des deux parties; on peut bien, sans violer aucun texte, décider qu'il ne sera pas indispensable, pour l'existence du privilége, que le commettant et le commissionnaire aient des domiciles différents s'il y a expédition de marchandises. Mais cette dernière condition devra toujours exister en vertu de l'article 93.

Possession de fait ou de droit. — Le commissionnaire, pour être privilégié, doit avoir les marchandises à sa disposition; il ne peut pas s'en dessaisir s'il veut conserver son privilége. Cette détention peut être réelle ou fictive : réelle, si les marchandises se trouvent dans ses magasins, dans un dépôt public ou dans les magasins d'agents qui les détiennent pour lui; fictive, s'il est porteur du connaissement ou de la lettre de voiture indiquant que les marchandises lui sont expédiées d'une autre place (102, 281, 282, C. comm.). Ces connaissements et ces lettres de voiture peuvent, comme nous l'avons supposé plus haut, se transmettre par la simple remise s'ils sont au porteur, ou par endossement s'ils sont à ordre. Cet endos permet à celui au profit duquel il est fait, s'il se trouve d'ailleurs dans les conditions nécessaires pour que le privilége puisse prendre naissance, d'invoquer les avantages qui appartiennent au cédant que l'endossement constituera expéditeur de marchandises, s'il habite un lieu différent que le cessionnaire. Celui à l'ordre duquel est passé le connaissement ou la lettre de voiture, est nanti de la marchandise expédiée dans le sens de l'art. 93 (Clamagerand, v° *Commission*).

Nous terminerons ce qui concerne le privilége du commissionnaire par l'examen de deux questions qui n'offrent pas de difficultés. Si le commissionnaire se trouve en concours avec le vendeur non payé, auquel donnerons-nous la préférence? L'art. 576 résout la difficulté. Si les marchandises expédiées au failli sont arrivées dans les magasins du commissionnaire chargé de les vendre, l'expéditeur ne peut plus les revendiquer. Il a donc perdu le droit de reprendre la jouissance, tandis que le commissionnaire ne peut être obligé de rendre les marchandises dont il est nanti, si on ne lui rembourse pas ce qui lui est dû à raison de ces marchandises.

Si les marchandises expédiées ne sont pas encore arrivées dans les magasins du failli, mais si elles ont été vendues sur facture et connaissement ou lettre de voiture pendant qu'elles étaient en route, l'expéditeur se trouve dépouillé de son droit de revendication au profit de celui à qui la revente a été faite. Si le failli a pu dépouiller son vendeur de tout droit sur la marchandise expédiée, on doit conclure qu'il a pu à plus forte raison les frapper d'un droit réel, les affecter à la garantie des avances du commissionnaire.

On discutait autrefois la question de savoir si les avances étaient privilégiées sur les marchandises expédiées dans les dix jours qui précédaient la faillite de l'expéditeur. Aujourd'hui la difficulté est résolue par l'art. 446, C. comm., où nous lisons que toute hypothèque conventionnelle ou judiciaire, et tous les droits d'antichrèse ou de nantissement constitués dans les dix jours qui précèdent la faillite, sur les biens du débiteur pour dettes antérieurement contractées, sont nulles. Il résulte de ce texte que les avances qui sont antérieures aux dix jours qui ont précédé la faillite ne sont pas privilégiées si les marchandises n'ont été expédiées que dans l'intervalle de ces dix jours. Dans l'opinion de ceux qui pensent que les avances ne peuvent donner lieu à privilége que lorsqu'elles sont concommittantes ou postérieures à l'expédition, aucune difficulté ne peut jamais se présenter puisque tout nantissement qui aura pour but de garantir des avances antérieures sera toujours nul à quelque époque qu'il soit fait.

FIN DE LA COMMISSION.

En règle générale, lorsqu'un contrat a pris naissance, il faut pour en annuler les effets le concours des volontés qui a servi à le former. *Contractus sunt ab initio voluntatis, ex post facto necessitatis* (L. 5, *de oblig. et act.*, D.). Le mandat sort de la règle générale; une seule des parties peut soit par révocation, soit par renonciation, faire cesser le contrat, sans cependant pouvoir détruire les effets qu'il aura produits dans le passé.

La commission dérive de la volonté du *commettant;* c'est son intérêt, la confiance qu'il avait dans le commissionnaire qui l'ont engagé à remettre à ses soins des opérations qu'il n'a pas pu faire par lui-même; il *doit donc pou-*

voir, et cela est également nécessaire à la liberté et au succès des entreprises commerciales, *révoquer le mandat* qu'il a donné. La volonté qui fait cesser les pouvoirs doit être portée à la connaissance du commissionnaire ; car tous les actes que le mandataire fait dans l'ignorance de la révocation obligent le mandant. Il importe peu d'ailleurs que cette révocation soit expresse ou tacite, il suffit que le commissionnaire sache qu'il a perdu la confiance du commettant, pour qu'il soit de son devoir de s'abstenir. Si la révocation est expresse, il faut que l'acte qui la constate soit clair et précis.

Il est très-important de distinguer si le mandat est révoqué avant toute exécution ou après une exécution partielle. Dans le premier cas, la commission est censée n'avoir jamais été donnée ; mais si la révocation n'a lieu qu'après ce commencement d'exécution, il ne peut être au pouvoir du commettant d'enlever au commissionnaire les droits et actions que le passé a fait naître contre lui. Aussi le commissionnaire aura droit à ses frais, à ses avances, à un salaire proportionné à l'opération partielle qu'il aura faite.

Renonciation du commissionnaire. — La commission peut cesser par la renonciation du commissionnaire. Il suffit que cette renonciation ne soit pas intempestive, et qu'elle ne puisse causer aucun préjudice au commettant. Si l'exécution n'est pas commencée, si le commissionnaire a signifié sa renonciation en temps opportun, sa responsabilité devra être déchargée. Il en sera de même s'il prouve qu'une juste cause l'a forcé de renoncer à l'exécution de la commission. Par exemple, s'il craint de ne pouvoir pas remplir ses engagements, s'il redoute l'insolvabilité de son commettant. Mais nous déciderons avec MM. Delamare et Le Poitevin, que ni l'inimitié, ni le préjudice considérable que l'exécution pourra causer au commissionnaire ne sont de justes motifs de renonciation, parce que la commission est un contrat à titre onéreux, et que le commissionnaire s'est chargé de l'opération autant dans son intérêt que dans celui du commettant (Troplong, art. 806, *Mandat*).

La mort du commissionnaire met fin à la commission. — Il en est de même de la dissolution de la société ou de l'être moral qui s'était formé pour exercer la commission.

La mort du commettant met aussi fin au contrat de commission. Le commissionnaire qui a connaissance du décès doit s'arrêter, à moins que l'opération dont il s'est chargé n'ait un caractère d'urgence, et que les intérêts du commettant n'ait trop à souffrir de son inaction. On comprend que c'est surtout dans les affaires commerciales que les circonstances particulières peuvent influer sur l'étendue de la responsabilité du mandataire.

Le contrat de commission prend fin par la *faillite du commettant* ou *du commissionnaire* et par les *changements d'état* que subiront les parties contractantes. La force majeure peut aussi empêcher le mandataire d'exécuter la commission.

POSITIONS.

DROIT ROMAIN.

I. La loi 34 *mandati* ne peut pas se concilier avec la loi 15, *de rebus creditis*, D.

II. Le texte de la loi 4 *mandati* a été interpollé.

III. Les jurisconsultes romains n'étaient pas d'accord sur l'étendue de la responsabilité du mandataire.

IV. Aucune conciliation n'est possible entre le texte de la loi 61, § 5, *de furtis*, et celui de la loi 26, § 7, *mandati*.

V. Il en est de même entre la loi 26, § 6, et la loi 52, § 4, *pro socio*.

VI. La loi 57 *mandati* contient une erreur. Il faut lire : *non inutiliter* au lieu de *inutiliter*.

VII. Le mariage romain ne se formait pas par le seul consentement. La tradition de la femme était nécessaire.

VIII. La loi 32, § 4, *de usuris*, et la loi 18, *de duobus reis*, ne sont pas en antinomie.

Positions de droit français.

DROIT CIVIL ET COMMERCIAL.

I. Les art. 2074 et suivants, Code Napoléon, sont de droit commun en matière commerciale.

II. Le voiturier ne conserve pas son privilége s'il s'est dessaisi volontairement de la chose voiturée.

III. L'autorité judiciaire ne peut pas autoriser la femme mariée à être commerçante si son mari lui refuse cette autorisation.

IV. Le vendeur d'un office n'est pas privé, au cas de destitution de son cessionnaire, de son privilége sur l'indemnité exigée par le gouvernement du nouveau titulaire.

V. Les aliénations faites par l'héritier apparent ne doivent pas être maintenues.

VI. L'époux contre lequel la séparation de corps a été prononcée perd les avantages à lui faits par le contrat de mariage.

VII. Pour que les travaux apparents dont il

est question dans l'art. 642 puissent servir à la proscription, il est nécessaire qu'ils aient été faits en partie sur le fonds supérieur.

VIII. Les servitudes continues et apparentes ne peuvent jamais s'acquérir par la prescription de dix ou vingt ans.

IX. L'action en dommages et intérêts, lorsqu'elle est une fois née contre les architectes et les entrepreneurs par la manifestation des vices, se prescrit par trente ans.

X. En cas de silence du bail, le droit de chasse appartient au propriétaire.

DROIT DES GENS.

I. Un étranger divorcé d'après la loi de son pays peut contracter en France un mariage valable.

II. La capacité de l'étranger non autorisé à résider en France est la règle; son incapacité, l'exception.

III. La disposition de l'art. 909, Code Nap., est une disposition favorable et non restrictive.

HISTOIRE DU DROIT.

I. Il n'était pas nécessaire, au temps de la

domination romaine, qu'une cité fût douée du *jus Italicum* pour jouir d'une juridiction municipale indépendante.

II. La loi *Regia* n'est pas une loi unique rendue à l'avénement d'Auguste pour régler les pouvoirs des empereurs; c'est une loi renouvelée à l'avénement de chaque empereur, et le constituant dans ses pouvoirs.

DROIT CRIMINEL.

I. L'action civile naissant d'un crime ou d'un délit se prescrit par le même laps de temps que l'action publique.

II. L'interdiction légale ne peut pas résulter d'une condamnation par contumace.

III. Les tribunaux correctionnels peuvent dispenser les condamnés pour vagabondage de la surveillance, en vertu de l'art. 463.

Vu par le Président de la thèse,
F. DURANTON.

Vu par le Doyen,
C.-A. PELLAT.

Permis d'imprimer :
Pour le Vice-Recteur, empêché,
L'Inspecteur de l'Académie,
FILON.